史玉柱
不倒的巨人

温　暖◎著

台海出版社

图书在版编目（CIP）数据

史玉柱：不倒的巨人／温暖著．—北京：台海出版社，
2017.2

ISBN 978－7－5168－1307－2

I.①史… Ⅱ.①温… Ⅲ.①史玉柱－传记 Ⅳ.①K825.38

中国版本图书馆 CIP 数据核字（2017）第 033383 号

史玉柱：不倒的巨人

著　　者：温　暖

责任编辑：侯　玢

装帧设计：张合涛　　　　　　版式设计：红　英

责任校对：史小东　　　　　　责任印制：蔡　旭

出版发行：台海出版社

地　址：北京市东城区景山东街 20 号　　邮政编码：100009

电　话：010－64041652（发行，邮购）

传　真：010－84045799（总编室）

网　址：http://www.taimeng.org.cn/thcbs/default.htm

E-mail：thcbs@126.com

经　销：全国各地新华书店

印　刷：河北信德印刷有限公司

本书如有破损、缺页、装订错误，请与本社联系调换

开　本：710 mm×1000 mm　1/16

字　数：184 千字　　　　　　印　张：16.75

版　次：2017 年 7 月第 1 版　　印　次：2024 年 1 月第 2 次印刷

书　号：ISBN 978－7－5168－1307－2

定　价：58.00 元

序

从销售巨人汉卡白手起家，到脑白金保健品神话，再到网游新锐、中国巴菲特，史玉柱俨然成了中国人的老熟人。

几十年前，在那个改革开放步伐刚刚迈出，人们的商业梦想刚刚萌醒的时代，他就早已被写入中国十大富豪的传记中。跟他同时代的富豪里，有靠销售"章光101"成为首富的治秃专家赵章光，也有牟其中、包玉刚等传奇人物。然而当时代的光环逐渐褪去华丽的色彩，仍然稳居富豪榜单的人，却只剩下史玉柱一个。

他曾经认为自己不擅长人际交往，被人误解，在经商方面得不到应有的外部支持；但由于钻研精神和雄厚的知识基础，他在跌倒的地方重新爬起来继续前行，再创奇迹。当国门大开，国外资金和技术大批涌入中国内地的时候，他作为民营第一高科技企业的董事长，果断从制造和销售汉卡及其他电脑产品，转向多点开花、多行业投资的战略部署。当他从美国投资专家口中得知，21世纪最热门的行业是生物技术时，更是决定推出以"褪黑素"为主要原料的保健品——脑黄金的雏形。

然而一次惊天动地的重大挫折使他在中国大地上成为失败者的典型。背负 2.5 亿元巨债，他在事后被马云笑称"中国首负"。他掷地有声地回答了外界的种种质疑：老百姓的钱，我一定要还。还钱是为了良心的安定，为了走在大街上不至于再戴口罩，为了不被别人评价为"什么也不是"、连公司都管理得一塌糊涂的企业主，更是为了自己能在"江湖"上不失去信誉，留下"继续混"的基础。

脑白金成功地圆了他这个梦，然而还钱的义举赚来的并不都是满满的感动。仍然有人质疑，有人逼宫，脑白金也陷入一场"调查门"的漩涡中无法自拔。情急之下，他果断出售健特公司，转向网游。并在这一过程中始终没有停止向银行业进军的脚步。他成了网游行业的"异类"，一个半路出家却做得有声有色的"行业第一顾问"，并且在中国半马不驴的股票市场上，还光荣获得了"中国股神巴菲特"的美誉。

失败之后再度成功的经历，带领公司成功在美国上市，使怀疑之声渐渐散去，留下的是 700 多万微博粉丝的鼎力支持。面对这属于他自己的追随者，他说了句"来者便是客"，于是一方面给粉丝们要待遇，另一方面又着手组织微博慈善活动。

随着他的提前退休，这些募捐活动也搞得更加如火如荼。如今，他不时用微博向粉丝们报告自己的行踪，俨然一个职业旅行者。然而中国的商圈仍然少不了他的涉猎和解读。史玉柱，一个被记载在中国当代商业史上的名字，带给人们的除了感慨、震撼，还有深刻的教育和启迪。

目录

第一章
怀远"神柱"

平凡之端

1962 年，史玉柱出生在安徽北部的怀远县城里。童年时代的他，看起来"平淡无奇"，却有自己的独特喜好。他喜欢躲在被窝里用手电筒照明看小人书，也喜欢沿着一条叫"永平街"的小巷，步行到当年的永平小学（怀远县第二实验小学）上学。小学毕业前，他一直住在离学校不远的一个居民区。

在老邻居和他母亲的老同事李爷爷眼里，史玉柱是个内向、话少的孩子。当时，他以优异的成绩考取了怀远一中。此后，以前的老平房区要改造了，他便随一家人搬到新住处，认识了新邻居崔怀阳。据崔怀阳回忆，史玉柱在中学时勤奋好学，理科成绩非常优异。

史玉柱：不倒的巨人

年少时的史玉柱人很老实，做事有一股韧性，并有极强的耐心和恒心，这也是他日后可成就大事的基础。

史玉柱的老师刘宗英，她老公正好是史玉柱父亲的老同事，所以史玉柱的一举一动自然印刻在刘老师的脑海中。刘老师说，上小学时，史玉柱就要求自己必须把作业先做完才吃饭，即使父母劝他都不行，他不是那种拖拖拉拉不愿写作业的学生。

史玉柱特别爱看书。《十万个为什么》在当时很流行，他爱不释手。在读这本书的时候，他脑子里除了"为什么"，还有"为什么要为什么"的想法。直白点说，他想弄明白那些为什么。那时的史玉柱就是个实干派，说干就干。

五年级时，史玉柱按照书上所写，准备自制一台收音机。他的这台收音机很简陋，基本是用最现成的物件测试原理，与芯片之类无关。

还别说，他真的大功告成了，"收音机"发出了很大的声响，这让他喜出望外。

此外，他的胆子特别大，居然可以自制"炸药"。

"一硝二磺三木炭"，他照着书本依样画葫芦，有模有样地做起了炸药。经过一番折腾，他果然造出了。造出的目的是让它爆炸，故此他在一天晚上悄悄地把炸药埋在路旁。随着一声巨响，刚好经过的邻居都被吓坏了。也因此，他挨了父母的一顿暴揍和责骂。大概就是从这时开始，他有了"大胆"的绰号。

虽然闹出了这么大的动静，可与很多自幼展示出某种"非凡才能"的人物相比，他仍显得太普通，是个"默默无闻"的平凡少年，他并没展现出有朝一日会成为富翁的潜能。

史玉柱很幸运，因为他接受到了完整的教育。不得不说，完整的教育履历在一定程度上成就了他的未来。而来自家庭的教育，也一样令他获益终生。

父亲史春祥在教育子女的问题上很传统，身为警察的他，对儿子实施着严格的教育，经常告诉他，别人打他也不许还手。

史春祥对儿子的教育和爱夹杂着不近人情的严厉，他也是那个时代廉洁无私的公职人员的缩影。正是这种严格的家庭教育，让史玉柱这棵小树没有长歪，更没有因溺爱变得不可一世、飞扬跋扈。

史玉柱头脑灵活，内心总有不安分的想法，他对周围的世界充满了好奇，对复杂的事物总想追根溯源、一究到底。他经常会在内心发问："天为什么是蓝色的？云彩为什么是白白的？平原地带为什么会那么平坦？"他脑子里装满了各式各样新奇的问题。

这些检索型的知识，在那个获取知识途径有限的年代仿似"未解之谜"，史玉柱的生活里没有电视，也没有电脑网络，唯一的课外读物就是小人书。他深深地为小人书而痴迷，废寝忘食，难以自拔。甚至，为了看小人书会频频逃学，以致考试不及格。

只要看起小人书，史玉柱可以做到不吃饭，不睡觉，夜以继日。夸张点说，他是坐在小人书堆里长大的。一本本，一打打，一遍遍地看，百看不厌。小人书是他认识世界的一个窗口，为他展现着丰富多彩的童话王国。

由于对小人书太过痴迷，到了四年级，史玉柱在学习上遇到了瓶颈。他为学习付出的时间和精力太少，成了降级生。于是，他亲眼看着母亲把小人书都烧成了灰。尽管内心非常难过，他还是倔强地站在原地，不吭声，也没有认错。也许那时的他，还不知道自己究竟错在哪里。他只知道，自己魂牵梦绕的小人书从此不复存在了。

书的形式化为了灰烬，书的灵魂却在他内心深处顽强地生长。小人书让他的好奇心和想象力插上了翅膀，也让他"认识"了很多历史人物。《三国演义》里的人物，就是这个时期在他心中扎根的。

在这个小男孩幼小的心灵里，《三国演义》中的历史人物以及家乡附近的历史名人，占据着举足轻重的地位，他渴望到外面的世界走走看看。当听说《三国演义》里"张辽威震逍遥津"一节中，"逍遥津"就在安徽合肥时，他内心非常激动，经常跟别人说："逍遥津古战场就在合肥，我要去合肥。"更让他惊讶的是，合肥不仅是传奇古战场逍遥津的所在地，还生养了周瑜和包公。这更增添了他对合肥的好感和迷恋。他开始缠上父亲，整天磨着让父亲带他去合肥。

史春祥也知道儿子的性格，拗不过他，趁着自己到合肥出差的当儿，同意带他前去。

这天，天刚放亮，史家父子动身出发，直抵合肥。这是史玉柱第一次坐火车，沿途的一切在他眼里都很新奇。车厢里的每件物品他都仔细查看，车窗外疾驰而去的村庄也令他感到无比亲切和兴奋。没过多久，合肥到了。

史春祥领着史玉柱去了逍遥津公园。他带着儿子坐上小船，一边划船，一边给儿子讲有趣的历史故事。史玉柱听得入了迷，眨着好奇的大眼睛。他发现大千世界真是太神奇了，有那么多自己不知道的事物藏匿在每个角落，等待自己去发掘、去探索。

从逍遥津公园出来，父子俩又去了包公祠和曹操点将台。在包公祠里，史春祥语重心长地对他说，人一辈子要做好事，才会让自己名留青史；如果做坏事，就会像秦桧一样遗臭万年。

后来，史玉柱说，那次纯粹的游玩，父亲的话却句句铭刻在他心里。他感慨道，这不单纯是一次旅行，而是他洗涤心灵的过程。

从浙大到深大

1977年，不知从哪里传来消息，说高考恢复了，史玉柱的内心一下子有了前进的动力。因为只要好好学习，就有机会享受高等教育。不由分说，他一头扎进知识的海洋。要知道，在这之前，高中毕业就要到乡下去接受贫下中农再教育。面对这千载难逢的机会，史玉柱攥紧了拳头，卯足了劲。

在紧张的学习之余，史春祥仍不忘带史玉柱到大城市见世面。史玉柱在18岁以前，曾随父亲两次到大上海游历。后来在谈起上海给他的最初印象时，他感慨上海太大了，太繁华了。让他最难以忘怀的，是当年南京路上24层高的国际饭店，还有迷人的外滩。

上海外滩的楼宇，满眼西洋风格，跟怀远的建筑样式天差地别。他第一次领略了大上海的无穷魅力，可这里给他一种强烈的陌生感。走在上海的大街上，他还是感觉自己同上海之间的距离是那么远。

从上海回来，他继续废寝忘食。1980年高考在即，史玉柱全力一搏，最终以全县总分第一的成绩考入浙江大学数学系。他的数学成绩尤其突出，只差一分满分。

在浙大，他认真听老师讲课，下课就到学校图书馆借来《数论》等高级的专业著作潜心阅读。可在看过这本书之后，他发现数学远不像他想象的那样简单。他所掌握的知识，只是数学领域里的冰山一角。在大学里，尖子生多多，他不再具备高中时的优越性。他不禁感慨，班上的聪明人太多了，学习都那么好，在这些天之骄子中间，如何才能出类拔萃？

他感觉很难。这可以说是史玉柱数学理想破灭的根本原因。后来他回忆，他很想做成一件事情，但是大学读书的经历，又使他意识到自己做不成这件事情。没有实力做陈景润了，他只能把精力投入到其他方面。

他开始坚持跑步，在培养自己业余爱好上下功夫。每天，他的身影都会出现在浙大到灵隐寺的那段路上，一共18里路，他跑个来回，一直坚持到大学毕业。

慢慢地，他也表现出了对新奇事物的强烈兴趣，广泛涉猎各种业余活动，玩桥牌、打网球、弹吉他、踢足球……

大三那年，他选择专业方向的时刻如期而至：一个是计算数学，一个是纯数学。他想，纯数学比较枯燥，而且不是实际应用科目。如果学计算数学，应用范围应该更广泛一些。就这样，他在表格里填上"计算数学"这个方向，开始接触计算机，学习如何编程。

就在这一年，他放寒假回家，穿开裆裤一起长大的高中同学王忠民来找他，对他说："大柱，腊月廿八我结婚，你一定要来参加婚礼。"史玉柱很惊讶，便问，你才22岁，结婚不早点吗？王忠民说，过日子就是生儿育女，吃喝拉撒。人总是要结婚的，早点结婚，总比晚结强。听了王忠民的话，史玉柱暗自摇了摇头。他不是不赞成早结婚，只是人生理想还没有实现，就这么早结婚，他为王忠民感到可惜。

寒假过后，他回到学校，继续维持着中等的成绩，而且"每天被迫接受大脑体操训练"。显然，他对学习有了一定抵触情绪——这并不是他的爱好。

选择了计算机方向，他每天要进学校的小型机房，先换衣服后换鞋，编程结果需要打纸带。这一切除了让他感到啰嗦外，还觉得计算机没多大用处，索性他只把它当成一门功课来学习。

大学毕业后，他被分配到安徽省统计局农村抽样调查队。当时统计局的主要任务是搞数字加减，他被认为"专业对口"。其实，他认为这比较荒唐，因为数学不只是加减乘除这么简单，而是逻辑，是"大脑体操"。

不管怎样，他有了一份既安闲又稳定的工作。在单位的计算机房里，他一会儿写写程序，一会儿自得其乐地玩当时的电脑游戏"挖金子"，过得优哉游哉，不亦乐乎。他对游戏的热衷，也就是从这个时期开始的。

不久，单位领导通知他，有一个到西安统计学院进修的名额，单位准备给他。给他讲课的老师中，有包括美国号称"抽样调查之父"的专家。史玉柱欣然同意，拎着公文包去了西安。

在这里，他听美国教授讲解了国际上最先进的抽样调查方法，没有一种不是通过计算机操作的。此时他才感受到计算机的重要性，回到单位后就找领导汇报情况，说服领导买一台先进的计算机设备。领导批准后，他独自到广州，用5万元搬回了一台IBM电脑。

史玉柱用新买的电脑编写了一个程序，让两个录入人员把统计资料输入进去。以往需要几十人干一年才能完成的任务量，眼下一两天就搞定了，单位的人员都闲置起来。他看到成效后，备受鼓舞，又编写了一个分析软件，可以分析农民的消费行为与收入之间的关系等。他不断完善自己的软件，精益求精，很快引起国家统计局的注意。

为此，国家统计局特地开了个会，向全系统推广史玉柱的软件。史玉柱因此拿到了一个进步奖，还有几十元钱的奖金。当时，他每月工资只有 50 多元钱，能获荣誉，还能拿奖金，他的心中升起一股难以平复的兴奋感。

其实，他早就对传统的手工操作感到不满了，才通过编写软件的方式，让电脑在统计领域发挥巨大作用。他开发的这套系统软件，在唐山召开的全国统计系统年会上正式向全国颁布。上级也决定把他当成后备力量来培养。

简化了工作程序，史玉柱自己也变得格外清闲。但他是个闲不住的人，便开始以分析出的数据为基础，写一些关于农村经济问题的文章，在学术性期刊上发表。当时的安徽省副省长也涉猎过这些方面，看过史玉柱的文章之后，对其格外欣赏。

副省长是深圳大学客座教授、中国科技大学教授，出于对史玉柱的兴趣，便对其进行了一次面试。1986 年，副省长推荐史玉柱到深圳大学软科学专业攻读硕士学位，并郑重承诺，他回来之后，立刻就可提拔到处级。

这一年，24 岁已经立业的史玉柱，响应发小及同学王忠民的"号召"，与妻子董春兰喜结良缘。

深圳大学的学习生活，令史玉柱铭刻于心。在这里，他一边打工一边上课，做小生意勤工俭学。当时，深圳是改革开放的前沿阵地和窗口，他有机会阅读到港台和国外一些关于经济的书籍，并逐渐形成这样的认识：中国一定会走市场经济的道路。

深圳大学经常举办一些讲座，其中四通公司董事长万润南就是一场讲座的嘉宾。他的讲座给了史玉柱极大的触动。

万润南从四通的创办讲起，主要集中在讲解"泥饭碗比铁饭碗"更保险这个主题。他所要阐述的中心思想是，泥饭碗一样能转化成金饭碗。虽然这只适用于有能力的人，但却给史玉柱深深的启迪，让他开始有了创办自己企业的初衷。

这次讲座令史玉柱茅塞顿开，他发现了市场经济条件下发展商业的巨大潜力，内心产生了下海经商的念头。

说深圳大学的经历影响着史玉柱，事实上主要聚焦于促使其投身商海。

2008 年，深大搞 25 周年校庆，史玉柱被邀请为学弟学妹们做演讲。他承认，自己下海经商同深圳和深圳大学的启蒙关系密切。他说："深圳大学在改革开放方面走在全国大学前面，学校学术味道不足，但思想很超前，可能在全国当时也是遥遥领先的。我原本有按部就班的人生规划，到深圳大学整个就变了，这和深圳大学环境的熏陶有关系。"在这种客观环境的影响下，他决定毕业之后下海经商。他感慨道："如果不是在深圳读大学而是在内地，我可能现在还在统计局吭哧吭哧地统计呢。"

史玉柱的人生轨迹，就这样出现了重大逆转，无法回头，也无需回头。

砸碎铁饭碗

从深圳大学软科学管理系进修归来的史玉柱，他的下一步人生归属是被提拔为处级干部。那个年代，"官本位"思想的影响依旧根深蒂固。史玉柱二十几岁就可以晋升处级，实在令人侧目。可是，在他心中，当不当官不重要，最重要的是他得到的这次学习机会。伴随着学业的结束，一个念头已在他脑海里悄然形成。

当时，全国经济最发达的广东省，特别是与香港毗邻的深圳，熏染着史玉柱骨子里的创业因子。他此时的心态，已不适应重新回到机关单位的办公室里。后来，他在接受《中国新时代》采访时透露，在统计局上班时，其实是受到工作环境对个性和想法的压抑的。

1988年初，他完成硕士论文答辩，风尘仆仆地回到家乡，又来到老同学王忠民家里，对他道出了辞职下海的打算，但苦于没有本钱，便打算向老同学借点钱。王忠民听得一头雾水，反问道："老同学，你在省统计局工作，那是个金饭碗啊，怎么会想到辞职？"史玉柱的想法不被王忠民理解，可他还是借给史玉柱500元钱。很快，史玉柱向单位递交了辞呈，这令所有人都始料不及。

领导和同事都不理解，父母和妻子听他宣布"我要下海"时，更觉不可思议。好好的国家干部不当，稳定的工作不干，却要辞职下海，这是发的什么疯？而且，这意味着他和家人以后得过上动荡、变数极大的生活，有谁愿意跟他一起承担这个决定带来的后果？

那时的史玉柱，在统计系统中是不可多得的人才。不过，史玉柱心意已决。不安于现状的他，是经过深思熟虑方才做出这般惊人的决定的。他已经被时代的大潮深深地感染，心中的激情和跳动的脉搏也与这股不可遏制的潮流交相呼应。商业领域，是他心中的一片蓝海，海中孕育着希望，这希望指引着他跨出重要的一步。

砸碎了铁饭碗，了断了牵挂，剩下的就是下海后未知的风险和挑战。面对未卜的前途，他显出毅然决然的慷慨激昂，对好友宋京京说:"如果下海失败,我就跳海!"

壮士一去兮不复返,他临行前的话,说得很有背水一战的意味。骄兵必败,哀兵必胜,此时的他,已自断后路,快刀斩乱麻地将自己推向不成功便成仁的境地。

他想去开发中国电脑文字处理系统。

20世纪80年代,中国计算机文字处理系统,尤其是桌面排版印刷技术还十分低端、落后。而国外专业文字处理设备的价格,比一般的电脑价位还要高。凭借自己的专业技能,史玉柱希望能去开拓这个未知的领域。

风萧萧兮易水寒,他带着几分豪迈的悲壮,决心走上艰苦的创业道路。

创业初期,他势必面对一无靠山、二无资金的局面。兜里只有向亲朋好友借来的4000元钱,可是他却对未来充满希望——在深圳大学读书期间凭借敏锐嗅觉,所感知到的电脑软件"中文化"问题。

当时,王永民发明的汉字五笔输入法已经获得成功,解决了汉字输入的难题。而如何将这一技术应用到电脑中,就成了电脑在中国能否普及的关键。史玉柱知道,这个新汉字处理系统需要插在计算机的扩展槽里使用,储存于集成电路板内。后来,人们把这种软盘称为"汉卡"。

汉卡的出现,有其特殊的时代背景。汉卡被称为Chinese character card,是一种扩展卡,可以将汉字输入方法和驱动程序固化为一个只读存储器。一种汉字系统就需要专门设计一种汉卡。

早期的计算机,处理能力有限,汉卡的使用也就成为必然。因为汉卡可以有效地提高计算机速度,尽量减少计算机内存占用空间。

不过，汉卡也有其技术局限性——它会同其他计算机硬件产生冲突。后期，随着计算机软件技术的日新月异，计算机的处理能力也大大增强，就不必使用汉卡了。

这都是后话。在史玉柱决定辞职下海的时候，"汉卡"技术才刚刚出现，显现出了广阔的市场前景。辞职后，史玉柱找到一个以前他曾帮助过的朋友，此人当时在合肥做录像机生意。通过他，史玉柱结交了当地一些计算机行业的人。其中有一人，是专业电脑代理商。史玉柱向其借了一台 IBM PC，开始大门不出、二门不迈地窝在家里，编写文字处理软件。

他能看到这个市场需求，还要归功于安徽省统计局。在此他了解到，不仅是统计局，其他单位也都要花两万元买一台四通打字机，且也都张罗着买电脑。可是电脑买回来了，却基本没什么用处，被搁置一旁，打字的时候还得靠打字机。每个政府部门，每个厅、每个局的电脑都是这样的命运，这是多么大的浪费呀！

史玉柱见电脑文字处理系统不好用，得不到各单位重视，就想编写一套软件，装在电脑里，令其具有四通打字机的功能，这样就可以直接用电脑打字，就没必要再购置四通打字机了，这必然会为各单位降低不小的成本。

研究这套文字处理软件，史玉柱可谓费尽心血。前后耗时半年之久，才取得成效，得到一款被他称为"M-6041"的汉卡软盘。如此，一个在中国计算机科技领域可谓划时代般的成果，在史玉柱的家中诞生了。

搞出来新玩意，史玉柱立刻将其带到原单位，送给单位领导。他把软盘装到电脑上，同事们看到，比四通 24 点阵字更漂亮的 64

点阵字在他电脑键盘的敲击声中被打印了出来。同时，M-6041 的文字编辑页面比四通大许多，看起来更醒目。有了这个"法宝"，单位从此再没人用四通打字机了。四通，就这样被史玉柱淘汰掉了。

技术一流的史玉柱，还兼具敏锐的商业嗅觉。他有一种直觉，这个东西蕴藏着无限的商机。当时打字机的价格居然比电脑还高这一行情，可能就要被 M-6041 汉卡打破了。

他兜里揣着 M-6041 软盘，南下深圳，从此开始了自己感觉"最快乐的时候"。这个时期，他"感觉特别好"，创业的路要求他从低起点一步步向上攀岩，这也成为他最为留恋的一段时光。

在深圳大学时，他认识了一位老师，也是天津大学深圳科贸发展公司的职员。这位老师很欣赏史玉柱的才能，听了他的来意后，特地为他成立了一个电脑事业部，等于是史玉柱个人承包的一个机构，只需每月交纳一两千元的固定费用即可，其余收入全部归他所有。

得到这位老师的鼎力支持，史玉柱仍面临着创业初期的一系列问题。他虽成竹在胸，掌握了关键技术，但在深圳的衣食住行如何解决呢？当时的深圳已经霓虹闪烁，初具一派歌舞升平的繁华景象。

在这里，史玉柱的 4000 元创业资本还不够大款们吃一顿饭。如果想租好一点的房子住，这点钱连一个月的租金都付不起。而且，开发产品需要电脑，产品推广也需要渠道。这些难题，在没有充足财力支持的前提下，他该怎么解决呢？

M-6041

租不起房子，史玉柱就做回学生，搬到深圳大学的集体宿舍里住。没有研究设备，他就每天趁着别人不注意，悄悄溜进计算机房，用学校的电脑进行程序编写。他觉得自己的 M-6041 研究成果还不成熟，需要继续攻关。可是，他毕竟不再是深圳大学的学生了，机房管理员很快就发现了他这个"异类"，这下，他不能再到机房去蹭计算机了。怎么办呢？

情急之下，他找了一个熟人，让他帮自己找个装有电脑的教师办公室，等老师和教职员工们都下了班，他再开始上班。不过，有时候人家即使下了班，还想用电脑玩玩电子游戏。因此，史玉柱只能等人家玩够了，下机后，才能用电脑编写程序。他的 M-6041 文字处理系统，就是在这种艰难中逐步完善的。

那段日子，史玉柱每天都从傍晚才真正开始一天的工作。他借着办公桌上一盏 40 瓦的台灯，每天面对电脑，在昏黄灯光的映照下，过着寂寞孤独、一人奋战的日子。他顾不得研究过程的难度和枯燥，一心投入工作，无暇顾及其他。

深圳的城市风光很迷人，犹如一座色彩斑斓的不夜城，可这一切对史玉柱毫无吸引力。他日复一日地与电脑程序相伴，度过了一个个不眠的夜晚。然而，他感到很充实，研究过程充满待解的难题，他把这一切都当成挑战自我的机遇和舞台。电脑屏幕反映的是他内心的蓝图，为他展现出未来中文电脑文字处理的先进方式。那是他梦想和希望实现的摇篮，也是他无限憧憬的商业蓝海。

一个月时间转瞬即逝，他解决了很多问题，如字库增加、字体固化、批处理等等。而且，他把界面做成所见即所得的模式，把打印、编辑、排版和录入编排在同一个界面。他在产品质量上追求完美、精益求精，把所有功能都通过中文菜单或窗口的形式展现出来。

同时综合压缩，保证小字体的笔画均匀、大字体无锯齿。经过这番改进，M-6041 已趋于成熟，他越来越有信心。

他把整个软件压缩成"汉卡"，可以装入电脑主机。为了卖出产品，他联合了三个朋友——蔡伟、姜巨满、钱宇，把 4000 元创业资金全部投入到在深圳大学承包的科技工贸公司电脑事业部的运营管理上。

电脑事业部需要一台自己的电脑，否则无法向客户做产品演示，而总是去蹭别人的电脑也不是办法。可问题是，史玉柱已经没有多余的钱买电脑了，这怎么办？

他看着只有一张营业执照，却连一台电脑都没有的公司，一想到深圳最便宜的电脑价格——8500 元，顿觉其如天文数字。

思来想去，史玉柱灵光一现——为何不借鸡生蛋？他走进一家计算机商店，把自己的软件向老板做了演示，然后说："我现在没钱，你让我先拿回去，等我把软件卖了钱给你多加 1000 元利润。"老板一听，虽然延期半个月付款，但自己可以卖到 9500 元，凭空多赚了 1000 元钱，是一笔不错的买卖，便欣然同意了史玉柱的条件。史玉柱推迟半个月付款的做法，其实是用 1000 元钱把这台电脑租用了半个月。这个"优惠"帮助他成功地渡过了最初的难关。他兴高采烈地捧回电脑，开始酝酿下一步计划。

当时，这家电脑公司的副经理亲自将电脑抱来给史玉柱。后来，他加入了史玉柱创办的公司，并一步步成为征途网络公司的副董事长。

史玉柱靠着汉卡起家，但汉卡并不是他一人的专利，而是时代背景下应运而生的技术产物。当时的电脑，汉化工作需要各种汉卡的支持，看 VCD 需要视频解压卡，PC 拓展需要扩展卡，杀毒则需要防病毒卡。

除了史玉柱推出的"巨人汉卡"之外，像联想集团在 1985 年推出的"联想汉卡"，也是这类产品中独树一帜的典范。

联想汉卡的发明者，是当时的中国工程院院士倪光南。他评论汉卡的发明时说，处理汉字当时有两种解决方案，一种是软件方案，比如 CCDOS。可这种方案占用了本来有限的 PC 资源，性能很低，虽然成本不高，但如果用户关注性能，还应以选择硬件方案为主。

而史玉柱的巨人汉卡和联想汉卡，就是这样的硬件解决方案。按倪光南的解释，是"硬件和软件相结合的方案"。为什么史玉柱的汉卡能在比其功能更加优越的产品中脱颖而出？秘密在于他的低价格策略。

其他正规科研机构生产的汉卡，由于高昂的研究费用，市场销售价格都在几万元，而史玉柱的汉卡，几千元就卖，自然受到包括很多中小型印刷厂等小型企业的青睐。当时，这些小企业正如雨后春笋一般在中华大地蓬勃发展。

汉卡的利润很高。一套汉卡的售价为几千元，但成本只有一半。因此，汉卡的销售让史玉柱掘到了第一桶金。

与联想集团相比，史玉柱单枪匹马，在激烈竞争的高科技领域，既没资金又没背景，完全是一个小字辈。他对汉卡的潜心研究，不是建立在科研院所和高校支持的基础上。同时期的方正和联想，都有实力强大的靠山，研发出高科技产品不足为奇。可史玉柱仅仅依靠个人的力量和技术专长，研发出同类产品并取得成功。

第二章
创业之始

广告赌未来

公司有了，办公用的电脑也赊来了，手里攥着自认为已经成熟的汉卡，下一步该怎么走呢？史玉柱想做全国市场，第一步要做的是打广告、做宣传。

不过，囊中羞涩的他手里没钱，只有汉卡，如何打得起广告呢？

当时北京有一家报纸叫《计算机世界》，在 IT 界名气很大，里面专门刊登企业广告。史玉柱忖度，何不在这家报纸上打个广告？于是，他开始琢磨广告词究竟怎么写。

理科专业毕业的他，文字能力相对弱些，关键是他也不懂怎么打广告，公司没有其他专业人员，就只能由他自己写广告文案。起初，洋洋洒洒写了 2000 多字，想把产品的每个好处都写出来。他总结出汉卡一共有 15 个优点，可这么多字是无法打广告的。他又开始删除，浓缩成"十大特色"。

转念又一想，自己钱不凑手，打广告也不可能打太大版面，留下的字还是过多，于是不得不进行第三次删除简化。他每天琢磨，每天改，半个月过去了，终于修改到自己满意的程度。耗时半个月潜心研究广告措辞的史玉柱，面对屡次修改的广告词嘘了一口气，心想，这回小报的四分之一版面也能放下。

写完广告词，史玉柱他立刻动身去了趟北京，找到《计算机世界》报社，闯进广告部，把软件演示给广告部主任贺静华。他恳求贺主任，请报社帮个忙，他的这款产品很棒，但还没销售出去，所以没钱打广告。如果可以先打广告，等产品卖出去了必然会支付广告费。

广告部的人当然不同意，他们从没遇过这种情形。史玉柱没办法，只得动用"死缠烂打"的招数，苦苦恳求。最终，贺静华看他非常诚心，便答应先给他打三期四分之一版面的广告。这可帮了史玉柱大忙。

其实，贺静华之所以点头答应，是因为史玉柱把汉卡软件的版权抵押给了报社。不管怎样，总算是可以为汉卡做宣传了。可是，如果广告没有效果该怎么办？

等待，等待，只有等待。

1989 年 8 月 2 日，史玉柱的 M-6041 文字处理系统广告在《计算机世界》第一次刊出。当他看到自己写的广告词"M-6401，历史性的突破"醒目地出现在报纸上时，内心万分激动，但更多的是五味杂陈。

赊账总是要还的，报社许可他的延期付款在 15 天之后。可是日子一天天过去，广告如石沉大海，无声无息。直到广告刊出的第 12 天，他的营业额还是零。赊账之举，让他把自己逼到了悬崖边上。如果剩下的 3 天赚不到 1.7 万元钱，他就会背上一笔巨额债务。

等待中的史玉柱备受煎熬，时刻被希望和绝望交织在一起的情绪包围着。

天无绝人之路，事情在第 13 天出现了转机：广州一个地区的政府机关联系到史玉柱，表示出购买意愿。史玉柱二话不说，乘坐中巴风风火火赶到广州，把 3 套软件送到买家手中。刚一回来，又接到宁波打来的购货电话。

8 月 16 日，他收到共计 1.5 万多元的银行汇款单。有了这笔钱，他跟报社的账算是扯平了。他拿着汇款单，内心百感交集。这些钱不仅挽救了刚成立不久的公司，更激励着他把这条路继续走下去。

随后，他将赚来的钱重新投入到广告中。此后，他的电话预约不断，有人要来看产品，也有人要订购。整个 8 月，史玉柱的小公司收入达 4 万多元。到了 9 月，公司收入翻番，达到 16 万元。10 月，超过 100 万元。这时，他发现软件需要加密，因为之前的软件加密被破解了，所以他开始使用加密卡。

随着公司盈利的持续攀升，史玉柱也开始考虑扩大规模。这年 9 月初时，他委托朋友帮自己招聘了 3 个员工。后来出现了一个小插曲，那是在 10 月份，有个员工提议，公司每个人都应该有股份，而且赚到的钱应该分一下。高瞻远瞩的史玉柱当然不同意，他想把赚来的钱继续投入到广告费用里，扩大销售。他的建议是：这 100 万元不要也罢，都砸进广告里看看效果如何。不过，员工一心想分钱，怎么能理解他？不得已，他对这几个员工做思想工作，说股份的事可以再议，但4个人每人25％绝对不行，因为软件是他自己开发的，公司的4000元启动资金也是他拿的，因此，他至少应该控股，然后给其他人10％～15％的股份。

事实上，这种待遇已是相当不错了，可有人贪心不足，随即矛盾开始升级。史玉柱当时年轻气盛，震怒之下把一台IBM286狠狠摔在地上，接着又摔了一部电脑。其中有个员工是财务人员，没有参与到这场纠纷中，而另两名员工把打印机和剩下的几台电脑全都抱走了。

从那以后，史玉柱吸取教训，再不想搞股份制了。他坚持母公司归他个人所有，子公司可以考虑他控股，理由是：中国人缺乏合作精神，一旦成为股东，就容易产生内部争斗，使公司发生波动。后来，他一直奉行给高级管理人员高待遇的形式，让他们赚的钱比做股东还要多。他认为这种模式很不错，因此公司后来从未发生过内部纠纷。

没有了内部分歧，史玉柱把赚来的100万元全部投入到了《计算机世界》的广告中，这令那个月的销售额达到了惊人的500万元。而后没多久，史玉柱手里便已经握着3000万元的巨款！

这个年轻的富翁，是用近乎赌博的方式成就自己的。"赊账的艺术"被他演绎得淋漓尽致。当时，中国人一般的月收入只不过几十元钱，史玉柱二十多岁，就怀揣几千万元的巨款！

有了资本的史玉柱，开始琢磨如何扩大版面。他把主要精力投入到市场营销中，但还是感到自己很难把握广告文案这个弱项。他每天花大量时间搞广告优化，而且第一次使用了"巨人"这个品牌。

他的第一稿设计的是"巨人汉卡"——M-6041桌面排版系统，罗列了几大特色后，打算用手里的钱做小报上的两版广告。广告文案设计出来，他一看，版面略显空阔，文字都装不满。可为了能让巨人汉卡醒目，他索性删除了M-6041桌面排版系统这个关键词。

不过他还是不满意，便继续改进，把说明性文字也清除掉了，因为经过前一段时间的宣传，很多人都熟悉巨人汉卡的特点，不必再赘述。最后，留下的就是"巨人汉卡"四个大字。可他仍然觉得不够醒目，不够强调，最后拿到报社之前，又把"汉卡"两个字也去掉，只保留两个赫然的大字——"巨人"。

两个字各占一个版面，这在当时是绝无仅有的。

史玉柱凭借他的创新意识和创新精神，持续改进，探索着广告营销的新思路。他的豪赌人生，从赊广告页面开始，一步步朝着属于自己的梦想之国大步向前，慢慢垒砌起擎天之柱！

英雄相惜

史玉柱于赚钱之路上首战告捷，摩拳擦掌之际，他遇到了第一个挑战——求伯君。

求伯君借助方正的渠道和品牌杀将出来，对史玉柱的巨人汉卡构成了严重威胁。

方正Super汉卡，是以求伯君的WPS为核心技术的，在汉卡最流行的几年里，销售量在20万套以上，求伯君也由此被称为"软件业奇才"。

跟史玉柱的高考数学差一分满分相比，求伯君的高考数学成绩是满分。他的大学志愿是班主任给填报的——国防科技大学系统工程数学系。在这里，求伯君第一次接触了计算机，并表现出过人的天赋。1983 年，他利用业余时间，只花了 3 个月就为国防科技大学图书馆做了一个借还书管理系统。

面对求伯君的汉卡攻关，史玉柱顿觉情势危急。他和一名助手决定一起封闭开发 M-6402，地点还是深圳大学简陋的学生公寓。

求伯君研究汉字打印系统的时间，是 1986 年 12 月。他在一间几平方米的小屋里进行技术攻关，9 天 9 夜不眠不休，终于完成了第一个杰作——西山超级文字打印系统。与史玉柱一样，那时的他感觉铁饭碗没什么值得留恋的，便在同年 12 月底辞职下海。这一年，他只有 22 岁。

古语云，"自古英雄出少年"，又有"狭路相逢勇者胜"，史玉柱和求伯君都是热血青年，亦是勇者，当然谁都不会服输。

求伯君的经历同史玉柱有惊人的相似之处。他先是加入了当时中国最大的民营高科技企业——北京四通公司，参与了打字机的开发工作。那台价值 2 万多元、被史玉柱在原单位否定了的打字机，便是求伯君参与研制的。

其实，求伯君也对这种打字机的缺点深有体会。他知道，这东西虽然算是一台个人电脑，但只能完成一项任务，于是他提议，应该按照国际惯例开发一个符合汉字特点的文字处理软件，安在个人电脑上供用户使用，这即是他后来的创业源头。

面对求伯君的挑战，史玉柱不敢懈怠。1990 年 1 月的一天，深圳大学舍务管理老师看到一个高个子的年轻人，身上背着热水器，和另一个小伙子一起走进宿舍楼的大门。史玉柱把外面的世界抛在脑后，决定进行又一个"集中营式"的开发。

他一个星期没有下楼，即便下来，也只是为了买方便面。日子是艰苦的、枯燥的，但强烈的事业心和斗志支撑着他继续攻关。当时，两人的世界里只有两台计算机，没有电视、没有收音机。久久不刮的胡子已长得很长，而身上的衬衫更是没时间洗。史玉柱一共带了4件衬衫，一件穿脏了就换另一件，都穿脏了，就把比较干净的一件挑出来继续穿。这4件自从进了深大宿舍楼就未洗过的衬衫，居然陪伴他度过了整整5个月。

在事业上，求伯君有类似史玉柱那样的工作狂态。当时，求伯君开发汉卡的想法没有在四通公司获得批准，他开始为自己的设想重新定位。后来，求贤若渴的香港金山公司同意让他全力开发WPS。求伯君对此评论说："不用优薪高职，这已经足够了。"

求伯君是个理想主义者，只要公司能支持他实现自己的理想和抱负，挣钱多少只是其次。当初开发WPS程序，需要编辑几十万行代码。这样的软件一般需要几人或者几十人的开发小组通力完成，可求伯君却一人挑大梁，把自己关在房间里几百天不出来。

金山WPS的横空出世，让大家啧啧赞叹，它创新式的窗口技术应用和简单易学的特点，还有求伯君独创的"模拟显示"功能，都使WPS在功能上比巨人汉卡领先一步。使用WPS，用户可以在打印之前调整和看到打印效果。

而史玉柱的恢弘抱负，也丝毫不在求伯君之下。当M-6402研制成功之际，他给这款汉卡正式取名为"巨人"。他说："当时IBM蓝色巨人最火，我们就抄袭了巨人这个名称。"

史玉柱与求伯君"亦敌亦友"，两人之间微妙的"友情"也是在这种竞争中慢慢发酵的。抑或说，两人大有惺惺相惜之感。毕竟都是"英雄出少年"，身上有太多相同的创业因子，也就不难理解彼此他日更为紧密的接触了。

2008年，史玉柱、求伯君等已经在网游领域大显身手，曾参与当年7月举办的CHINAJOY会展。此期间，他们便有私下交往，共同探讨怎样杜绝恶性竞争。

同年10月，史玉柱曾谈及网游领域竞争格局，他表示自己与同行们的相处均十分和谐。他说："网游行业一直竞争是很激烈的，但这个行业有一个好处，相对来说除了个别公司，大部分公司其实还是很和谐的。就算竞争起来，还是很和谐，很讲究游戏规则。"又说，"比如说，我和陈天桥就很和谐，和求伯君就很和谐，实际上我们这个行业内多数人与多数公司，一边竞争一边还是很好的朋友或合作伙伴。"

婚姻触礁

正当史玉柱与求伯君在行业内火拼之时，发生了一件大事：他离婚了。

这天，完成了M-6402研制的史玉柱正要把这个好消息告诉妻子董春兰，可兴冲冲的他赶到深圳安宝大厦的临时住所，推开房门时，却发现床上、地上一片狼藉，妻子熟悉的身影早已消失得无影无踪。他感到事情不妙，急匆匆赶到火车站，登上火车，把当初他们相爱时足迹踏过的地方都寻了个遍，却没有任何收获。

几番周折，他找到了妻子，可最终没能挽留住妻子那已冰冷的心，一纸离婚合同摆在他的面前。他的离婚悲剧，是一个工作狂型的知识分子性格上的悲剧。他可以造就事业上的两度辉煌，却无法把握住婚姻的脉搏。从此，他再没有结婚，一直单身。

史玉柱 24 岁与董春兰结婚，后来辞职下海，他们的婚姻就再不像当初在统计局时那样风平浪静。1991 年，董春兰辞职到了深圳，给史玉柱做了公司会计。这个过程持续了仅仅一年，最终他们没有经受住现实的考验。

熟人谈起史玉柱的婚姻，只言片语中流露出对他个性的分析。朱家功，系史玉柱在安徽统计局农调队时的领导，他感觉史玉柱在生活中是一个不善于沟通、内向的人，过度投入事业，只有在想表达的时候才会滔滔不绝。他在大学里朋友就不多，由于能力和智商超常，他更习惯处于中心位置指导大家的工作。他是一个工作和创业狂人，却不一定是女人眼里称心如意的丈夫。

安徽统计局农村社会经济抽样调查队队长、原国家统计局安徽调查总队队长金玉言，也是史玉柱当年的老领导，他一针见血地指出，史玉柱是个不懂生活的人，结婚后家里的大事小情一概不管，后来他和董春兰天天到食堂吃饭，从不开火，根本不像一对过日子的夫妻。

当一个女人需要他的爱和关怀时，史玉柱仍沉湎于自己的软件世界不能自拔。董春兰是个很有个性的女人。

金玉言还记得，董春兰曾给他写过一封信抱怨，说自己在深圳生病了，住院时需要割掉一个肾，这么关键的时刻，史玉柱的身影还是没有出现。她得不到应有的关心，不禁伤透了心，决定放弃这个让她心寒的男人。而史玉柱也有他的不满之处，他也给金玉言写信，说他"受不了这个女人了，她冻结了我的账户"。

董春兰是会计出身，当然会在财务上给史玉柱一个"下马威"。离婚时，史玉柱的存折上真正属于自己的钱只有19万元，但他把这些钱都给了董春兰。这个数字在当时不是小数。

两人之间的事，也许只有两个当事人最清楚。史玉柱在1989年赚了100万，1991年董春兰辞职到深圳，而随后史玉柱的M-6403赚取了超过3000万元的利润，"中国第一高楼"巨人大厦的蓝图也已初具规模。后来的巨人中文手写电脑及其软件，更是让史玉柱公司的销售额达到3.6亿元。

在这辉煌的成就已纷至沓来之时，董春兰的离去，是不是显得太倔强了？付出的代价也太大了？对于一个小家碧玉或贤妻良母型的女人来说，丈夫已经飞黄腾达，扯着他的衣襟不松手尚且来不及，又有谁会轻言放弃？

董春兰的确是一个女强人。她和史玉柱离婚后回到安徽，在1995年组建了安徽正信会计师事务所，并任法人代表。随后，她一口气取得了注册资产评估师、注册土地估价师、注册房地产估价师等职业资格。同时，她还是民进安徽企业界会员联谊会副会长，中国民主促进会成员，并以这样的身份积极参政议政。

值得玩味的是，离婚之后的董春兰一路平步青云，史玉柱却在前妻创办会计师事务所后一年，从巅峰一路跌落谷底。

带着婚姻失败给予的沉重打击，史玉柱还是咬紧牙关继续上路。多年以后的今天，他在网上主动晒自己的半裸照片和工资，还把自己同其他企业家交往过程中一些有趣的照片和段子晒出来。可他只是对自己唯一的一次婚姻，始终讳莫如深。而且，他也从不谈起自己的女儿史静。

对这次婚姻的沉默，似乎昭示着这是他内心一块隐隐的伤疤。

在新浪微博的一次微访谈中，暴雨娱乐 CEO 朱威廉问他："每一个成功男人的背后，都有一个伟大的女人，史总同意这个观点吗？"

这等于哪壶不开提哪壶。史玉柱的微博先是一阵沉默，然后他回答："大多数男人是这样，但我例外。"

其实他并不例外，他有"红颜知己"十几年如一日的保驾护航。可是，他的回答又确实客观。因为，这样的女人应该指妻子，他没有妻子，何谈那个背后的女人？

有人评论史玉柱的婚姻时说，婚姻是保护弱者的社会制度，为了维持彼此利益的稳定和长久，确保互相忠诚于对方，才会确立婚姻关系。然而对强者而言，不需要以婚姻的形式保障自己的后代、安全、稳定，所以不一定要结婚，或者毋宁说不需要一纸婚约。

婚姻和事业，对于某些创业者而言往往不能兼顾，在二者之间，若是选择后者，就意味着要牺牲家庭。有得必有失，这句话在史玉柱身上得到了很好的证明。而史玉柱真正的传奇，也就是从这时开始，有了新的注脚。

目标 IBM

事业上一帆风顺、如鱼得水的史玉柱，在赚到人生的第一桶金之后，承包的电脑部也扩充到 8 个人。他还是像以前一样，不主张把赚到的钱揣进每个人的腰包，而是进行更大的积累，以促成更大的发展。他力求节约经费，不管是谁，每月只发 300 元的基本生活费，能维持在深圳的基本生活开销即可。

他的这一做法，再次受到手下员工的质疑。那些员工并不赞同史玉柱的做法。甚至有传言称，史玉柱已经买好了出国护照，即将携款潜逃。

那时的员工数量少，一来二去，这话就传到了史玉柱耳朵里。血气方刚的他，将此看成是带有人身攻击性质的侮辱，气急败坏的他当时举起一台高档 AST286 电脑向地上就是一摔。

这一过激之举，把在场所有人都惊呆了。后来他回忆说："到现在，即使天塌下来，我也不会再去砸电脑。"

"内讧"落定，"外敌"入侵。当史玉柱将 M-6402 投入市场时，WPS 在技术上已经领先于 M6401，而他倾尽心血研制的 M-6402 和 WPS 相比仍有一定差距，无法超越 WPS。毕竟，求伯君有金山公司作为强大的后盾。而求伯君本人也对 M-6402 颇有微词，说其是模仿 WPS。

为了在技术上取得领先地位，史玉柱这次拉出了十几个人组成的队伍，到深圳大学搞起了第三次软件封闭研究。新款软件，即 M-6403。

为配合新产品，史玉柱又绞尽脑汁地在市场营销方面狠下功夫。

1991 年春节伊始，他无心过节，热火朝天地投入到一场声势浩大的巨人连锁会议的组织中，力求吸引全国的经销商前来洽谈，现场订货。他向全国的电脑经销商发出邀请，只要订购 10 块巨人汉卡，公司会将他们的路费全部报销。经销商一听，这可是天大的好事，何乐而不为呢？于是纷纷赴约前来。

通过这次活动，史玉柱当场赚取现金 3500 万元。这次成功的营销，让史玉柱的 M-6043 在市场上占据了优势地位。

其实，路费报销的额度总共加起来也只有区区十几万元。史玉柱用相对微不足道的投入，不仅换来丰厚的收入，更迅速建立起庞大的经销商营销网络。这次成功的营销，也让史玉柱顺利地把巨人汉卡打造成为同类产品中的佼佼者。

这一年，巨人公司正式成立，加之推出新产品 M-6403，史玉柱意气风发地对外界说："IBM 是国际公认的蓝色巨人，我用'巨人'命名公司，就是要成为中国的 IBM，东方的巨人！不做东亚病夫，要做东方巨人！"

史玉柱要用自己的实际行动驰骋商海，为国争光，证明在中国一样可以产生像 IBM 那样伟大的公司，摘掉贫穷落后的帽子，让新科技的火种在中国大地上形成燎原之势！

那么，这个让史玉柱心驰神往、不惜夸下海口极力追赶的 IBM 公司的来历又如何呢？

IBM 创立于 1911 年，是世界最大的信息技术及业务解决方案企业。其主要业务是商用打字机、文字处理机和计算机相关服务。IBM 被昵称为"蓝色巨人"，在物理、化学、材料科学等领域造诣很深，且是硬盘技术的发明者。

正是由于 IBM 在世界计算机行业的领导地位和对中国计算机应用的深刻影响，才使该公司在中国第一批 IT 人心中占有崇高的地位。

　　愿景的存在，会敦促创业者奋发向前，可愿景再大，也是要以现实作为支撑的。彼时的史玉柱，还不足以傲视周围的对手。而既然要做中国的"巨人"，空喊口号不行，抱残守缺更不可取，唯有蓄积奋发之能，方才是一骑绝尘之道。

第三章

鏖战珠海

"珠海"扬帆

史玉柱是个行动派，为了进一步发展，很快在深圳招兵买马，广纳贤才，招聘了一群朝气蓬勃的年轻人，把公司发展为一个拥有50多名员工的新兴高科技企业。后来，公司团队人数又扩大到100多人。这群年轻人的平均年龄只有22岁，即使是管理人员，平均年龄也只有26岁。

说起公司的组建，这其中尚有一些波折。

当时的深圳，是改革开放的前沿阵地，国民生产总值是珠海的两倍，同深圳相比，珠海的经济发展步伐一直比较缓慢。当年，面对这样的局面，珠海市政府急于通过招商引资的方式发展经济，对科技企业尤其重视。而史玉柱在深圳，用的还是天津的招牌。

1991年前后，史玉柱开发了M-6402，想注册巨人汉卡，就要先注册巨人公司。可深圳市工商局由于政治原因，要他出具县团级以上单位开具的证明，证明自己同"六四"事件划清了界限。

"六四"期间，史玉柱正辞职在家编写软件，所以他与此事无关，可当他回安徽省统计局要求开证明时，得到的答复是：当时已经辞职，单位没法开证明。

这下，史玉柱犯了难。后来，他听说珠海在这方面管制较宽松，不需要开类似的证明，所以，他决定移师珠海，在珠海注册巨人公司。

1991年4月，南国春日，雨肥梅子，史玉柱发布了成立珠海巨人技术公司的消息。

在他的团队名单中，大学本科及以上学历者占了97%。当他带领这个团队挥师珠海的时候，他已经拥有了1.9亿元的注册资金和8个分公司。他许诺要做"中国的IBM"，此愿是否达成暂且不提，可以肯定的是，巨人公司已经可以同四通公司平起平坐了。

珠海对巨人十分重视，因为这个年销售额上亿元的民营企业，在全国都不多见。珠海不能不照顾巨人。于是，史玉柱享有高科技企业的免税政策，想出国，可以破例获得批准；户口转移有问题，可以重新办理。

难怪史玉柱说："特区是干事业的地方，珠海能干大事业。"深圳这个特区装不下他的远大志向，而珠海装得下！

那时的珠海正实行科技兴市的战略方针，为了提高知名度，大量吸引科技人才的加入。市长梁广大更是带头刮起了科技重奖旋风，史玉柱就是被这阵旋风刮来的。史玉柱觉得梁市长的魄力和胆识与自己不相上下，而他也十分看好珠海正在和即将兴建的高速公路、大型国际机场、至深圳和香港的跨海大桥，以及年吞吐量超过1亿吨的特大港口。另外，还有投资百亿元兴建的大型电厂。

此时的珠海，就像中国南部海岸线上的一颗明珠，光芒四射，璀璨耀眼，与史玉柱的"巨人"交相辉映，照亮了半边天。

有趣的是，跟史玉柱"史大胆"的绰号齐名，珠海市市长梁广大也曾被戏称为"梁大胆"。胆大，意味着有气魄、敢干、敢为人先。他在任期间，曾在1992年3月提出一笔30万元巨奖、一套别墅、一辆轿车的方案，在全国首创"重奖科学家"这个政策。

1992年年初，邓小平南巡到了珠海，当听说珠海重奖知识分子，且每个人拿到的奖金有100万时，不禁竖起大拇指称赞梁广大的"胆大"。

梁广大任珠海市长整整14年，在他看来，科学技术是第一生产力的核心便是尊重知识、尊重人才。他把自己的"大胆"归功于邓小平同志。

在一次接受记者采访时，他说："'重奖科学家'是珠海尊才、爱才最具体的表现，它起初也并非没有遭到任何非议，有人认为我们是在'做秀''出风头'，科学家值不了这么多钱。但我们认为，知识与人才的价值必须得到承认，如果科技人员都不能凭知识致富，又怎能有积极性去为社会创造财富？"

梁广大当时不但关心知识分子的成长，而且对百姓民生也关怀备至。当初珠海的港湾式候车厅，在没有兴建以前，他就同专家和少数政府官员组成的反对派打过口水仗。有人说："兴建这么漂亮、这么大的候车厅有什么用处呢？"他却禁不住动怒了，批评反对派们说："你们这些有公车坐的人为什么不去现场考察一下？为什么不去体会一下老百姓排队候车有多苦？为什么不去体会一下日晒雨淋的滋味？"

尊重但不盲从，就是当时梁广大对知识分子的态度。史玉柱认为，有了这样一位思想开通并极富魄力和创新能力的市长支持，他何愁事业做不大呢？事实证明，他"迁都"珠海的决策正应天时、地利、人和。珠海市政府推动着他的事业蓬勃发展起来。

18层的巨人大厦设计方案，也于1992年正式出台。

巨人大厦的故事，是在史玉柱成为全国青年榜样的前提下开始的。当时，珠海对科技人员的重视受到全国上下的关注。国家希望珠海还能树立一个大学生留在国内创业的典型，因为当时最优秀的大学生基本出国后都不回来，中国面临严重的人才外流问题。如此，梁广大市长的首选当然是史玉柱。

就这样，珠海市政府为了支持这个典型，特意批给巨人一块地，让其盖一座18层的办公楼。当时，巨人的资产规模已经超过1亿。梁广大找史玉柱谈话，希望他能为珠海争光，把巨人大厦建成中国第一高楼，而若建不成，史玉柱做"全国典型"恐怕就有些困难了。就这样，史玉柱便预想将原来的18层增至38层。

1992年下半年，有位领导来巨人视察，被邀请到巨人大厦工地参观。当领导看到工地上热火朝天的景象时，兴致勃勃地对史玉柱说，楼的选址不错，为什么不盖得更高一些呢？这句话，更鼓舞了史玉柱。

是年9月，《珠海特区报》上登出一则新闻：金山公司要在银都对面盖一座 47 层的大厦。金山一直是巨人的竞争对手，这条新闻无疑是对史玉柱的极大刺激。要做就做第一，于是，巨人大厦从 38 层改至 54 层。后来又有信息称，广州正计划盖一座 63 层的大厦，史玉柱架不住旁人怂恿，一直把大厦加高到 70 层，这也促成了他日后人生中的一次"滑铁卢"。

1992 年，也是他跟日后的副总裁汤敏初次见面的一年。汤敏到巨人集团应聘，看到一个人走到她面前，瘦削的身材，上身穿黑色西装，下身喇叭裤，头发是烫过的，还戴着一副大墨镜。汤敏不认识史玉柱，就坐在原地没站起来。史玉柱站在她面前，盯着她看，她也盯着他。结果，史玉柱被盯得脸红了，尴尬地用手推眼镜，问："你是汤敏吗?"汤敏回答："是。"史玉柱马上做自我介绍："我是史玉柱。"汤敏赶紧起立，向史玉柱道歉，心里却暗笑，她觉得像是自己在面试他一样，因为他看起来腼腆得像个大学生。

可就是这样的史玉柱，有胆子盖中国第一高楼，且带领团队研制出的 M-6043，其销售量在当年年底达到 2.8 万套，利润达到 3500 万元。

畸形膨胀发展

1992 年，史玉柱的巨人资本超过 1 亿元，他本人也被捧上了天，可谓一路高歌，飞黄腾达。

百舸争流，千帆竞发。史玉柱的巨人发展得太快了，其速度超出了人们的想象，这实在是一个令人叹为观止的奇迹。

史玉柱仍不止步，趁热打铁，又推出了中文手写电脑、中文笔记本电脑、巨人中文电子收款机、传真卡、财务软件和防病毒软件等，在电脑科技领域四面出击，披荆斩棘，其已经坐拥全国最大的连锁销售网络。

当巨人的资产接近两三亿时，史玉柱的腰包鼓了起来。钱多了，精力也旺盛，他开始实行"多点开花"的策略，甚至还做了酒店管理系统。他曾在赴美考察时，问投行专家们未来发展最快的行业是什么，美国人说会是生物科技和IT。回国后，他立刻上马生物工程项目，甚至还做过化妆品和服装，把公司规模扩大到六七个事业部。

如此多元发展，前期并未让巨人觉得负重太大，在珠海良好环境的支持下，公司的中文手写软件和电脑年销售额竟达到3.6亿元，仅次于四通公司，成为中国第二大民营高科技企业。

那年，史玉柱只有28岁，成为青年一代的榜样和时代的标兵。

他刮起了一阵旋风，名噪一时，国家及地方领导也纷纷来巨人公司视察——杨尚昆、李鹏、朱镕基、田纪云、李铁映、钱正英、广东省委书记谢非、人事部部长宋德福……他们对巨人公司的发展寄予厚望。

李鹏曾给巨人题词：青年科技人才是国家的脊梁。

1993年1月，巨人还在北京、上海、成都等地成立了38家全资子公司；同年9月，史玉柱获得广东优秀科技企业家的头衔；到了1994年，他又被评为十大中国改革风云人物；同年6月，江泽民总书记视察了巨人集团，用巨人集团出品的中文手写电脑题词：中国人就应该成为巨人。

李鹏总理更是叮嘱史玉柱，新产品开发出来之后给他打个电报。朱镕基副总理在史玉柱做了情况汇报之后，称赞他是精英，巨人的员工也都是精英。

史玉柱一下子获得这么高的荣誉和嘉奖，得到了国家领导人如此重视，这是他从不曾想到的。他的心，也越发膨胀起来。他为巨人规划了壮丽和令人神往的蓝图，他集结 M-6405 汉卡、手写电脑、中文笔记本电脑等 5 个核心产品的资金，准备兴建高达 70 层的巨人大厦，与年产值 15 亿元的多媒体家用电脑生产基地。

1994 年年底，巨人已超过四通，一跃成为中国最大的民办高科技企业。当时史玉柱估计，到 2000 年，巨人的资产将达到 100 亿元。按照这样的发展脉络，史玉柱盘算着，要在 1995 年带领巨人在香港上市。

事实上，巨人能有如此迅猛的发展态势，与 1993 年以前西方国家禁止向中国出口计算机密切相关。没有国外先进企业在中国大地上的竞争和厮杀，市场机会就完全属于国内高科技企业。史玉柱抓住了千载难逢的历史机遇，开发出"M 系列"产品，并运用高超的营销技巧，使其成为同行业中的佼佼者和巨人的拳头产品，如此才推动着巨人以超高速向前发展。

史玉柱拥有雄厚的技术资本，读硕士时的专业也为他打下了一个良好的 IT 技术基础，这种知识与其他生产要素相结合，便转化为知识资本，具备着创造价值的能力。

也正是在这一时期，史玉柱带领团队陆续开发出 M-6404 及 M-6405 系列产品，注重知识、注重人才的他，招聘的员工大多是熟悉 IT 的知识型员工，并且一直持续不停地搞研发，极大地增加了企业的存量知识资本，也创造了更大的财富。

在那个年代，人们对广告的意识还很模糊，史玉柱却已经拥有了超前的广告意识。他向媒体透露，巨人正在研制的第二代中文手写电脑，只有手掌大小，如果研究成功，这款新产品预计能给集团每年带来 25 亿元的市场收益。

1993 年，史玉柱带领巨人进行发展战略的转移。这一年，也是中国电脑业承受严峻考验的一年。

西方 16 国组成的巴黎统筹委员会解散，因而西方向中国出口计算机的禁令也随之失效了，猛然间，微软、英特尔、IBM、AST、康柏、西门子、惠普等跨国财团纷纷"包围"北京中关村，"中国硅谷"即将迎来一场新的商业大决战。

此时的史玉柱，早已看好生物工程项目，野心勃勃地想实现跨国公司的梦想，因而发掘出保健品这个潜力巨大但还未被开拓的市场。

在生物工程方面，巨人以出售药物为主，但因为还在研究阶段，尚需几年时间才能正式投产。在这方面，史玉柱已动用了几百万元资金。而在金融方面，他打算做一大笔投资。他告诉外界，他参与了在北京注册民生银行，并且该行将要开业，加上信用社，会一起给大家提供贷款和存款服务。

按照史玉柱的计划，他会在一两年之内，在每个省或自治区都收购 12 家信用社。这场收购计算下来，估计需耗资 12 亿元。

史玉柱的盘算一点不错，可问题随之出现。他的这些宏大构想渐渐变得不接地气了，他也开始高估自己，以为自己做什么都能成功。

慢慢地，他那股谦虚劲渐渐被志得意满取代。看着自己精心培养出来的二三百人的队伍，每年上亿的收入，还不到 30 岁的史玉柱有些飘飘然了，欲望的膨胀，让他看不清自己的前路。他开始不注重细节，而热衷于多元化发展。外界也为他身上披了许多无谓的光环，他就在这些人的殷切希望之下，在一年之内，把公司的业务扩展到十几个行业。

史玉柱去美国考察时，发现一种非常好的口红，喝水的时候不会印到水杯上。看这个东西好，他眼睛一亮，想着法儿地把它引进国内；当时，"传销"还没有被法律明令禁止，他就组建了"传销部"，可刚刚建成，传销就被宣布违法。

这一阶段的史玉柱，很多做法除了极其浪费资源外，别无他获。遗憾的是，他并未因此吸取教训。

巨人在管理方面的问题频出，但他还是荣幸地成为珠海第二批重奖的知识分子之一，获得珠海市科技进步特别奖，市政府奖励他一套 103 平方米的住房，一辆奥迪轿车及 63 万元奖金。这一年，美国的王安电脑公司破产，史玉柱顿觉巨人需要新的产业支柱。

当向社会主义阵营国家禁运高新技术和器材的巴黎统筹委员会解散之后，由于国外软件的大举进入，巨人的汉卡市场份额已经逐渐被抢走，而其他软件产品的生存空间也显出狭窄之状。

史玉柱知道，巨人必须迅速转身，才不至于被国际竞争的巨浪吞噬。这时，他果断地把公司运营目标转向保健品，开发出了一款全新健脑产品——脑黄金。这款产品花了史玉柱 5 亿元，这还不算，他还发动了另一场声势浩大的广告宣传活动，在中央电视台和各省级卫视，甚至乡镇有线电视台做广告，又扔进去 1 亿元。他被市场营销圈子里的人评价为一个"既有贼心，又有贼胆的主儿"。他的广告也是无孔不入，铺天盖地，狂轰滥炸。

这番折腾也有成效，脑黄金成了第一款一下就让 12 亿中国人记住的产品，显然，史玉柱的广告策略功不可没。虽然这种广告形式受到很多批评和指责，然而投资的 1 个亿不但没有血本无归，还为他赚取了 10 亿元的收入。巨人的资金周转难关算是渡过了。

1993 年，也是中国经济过热增长的一年，此时的房地产是个热门，只要盖楼就不愁卖。甚至，没有盖成的楼都能以"楼花"的形式卖掉。深圳毗邻香港，办公楼价格涨到了 1.5～2 万元一平米。

正在大举搞建设的珠海，也让史玉柱"耳濡目染"了房地产行业的超速发展，他认为，珠海也会成为同深圳一样的国际大都市。随即，他成立了化妆品实业部、服装实业部、供销实业部等十几个分支机构，急速扩张，手里的产品包括软件、药品、保健品、服装等 30 多类。

经济过热，人的头脑也容易发热，中国民营企业走多元化发展道路，还处于摸索阶段。

脑黄金，昙花一现

巨人的发展十分迅猛，当时一个电脑软件售价 1500 元，而成本却只有 1/10，这么可观的利润，能为集团提供充裕的资金。史玉柱对集团的发展充满憧憬，而且认为巨人同时经营金融业务，向银行贷款也相对容易，毕竟这对于集团扩大投资是很重要的。

可是，他也察觉到，随着计算机发展的日新月异，汉卡会越来越没有存在的必要。1993 年，他推广的 GAC 电脑没有成功在市场上站稳脚跟，这影响了巨人的效益。这种现实，不得不让史玉柱提高警惕。

史玉柱有一个同学，当时在美国留学，是生物学博士，叫袁彬。他征求过袁彬的意见，知道美国当时正在流行 DHA 的概念。这是一种深海鱼体内含有的活性成分，被证明可以改善记忆力。

经过审慎考虑，史玉柱觉得"三个最有前途的行业"中，保险业在中国民营企业领域不能做，IT 业巨人已经在搞了，那么若是想改变软件领域的窘困，上马新项目，就只有生物工程了。

1994 年 8 月，公司召开董事会，决定上 DHA 项目，并将这一项目命名为"1018 工程"，意指新产品必须在 10 月 18 日推向市场。

这款产品是巨人的第一款保健品，虽然经验不足，可众人也做了万全的准备，毕竟 GAC 电脑的失败给大伙敲了一个警钟，故此在做新产品时慎之又慎。公司经理在产品的生产、策划、包装和媒体等方面分工细致，史玉柱本人带领一个一二十人的团队专攻策划。在两个月不到的时间内，众人紧锣密鼓地干了起来。

关于产品的命名，有人提议，"505 神功元气袋"在当下这么流行，这款新产品就叫"888"如何？史玉柱对此并不满意。他查阅资料，认真思索，有一次看到一篇文章把 DHA 描述为"大脑里的黄金"，他觉得这个形容很妙，便把这款新产品命名为"脑黄金"。当他宣布出来时，大家都同意用这个名字。

名字有了，广告语又该怎么设定呢？史玉柱想，这条广告语应该既简单又醒目，他让策划部反复修改了设定的广告词，最终还是没有定论。

一次，他请大家到外面聚餐，有人提出，邓小平南巡讲话里有一句"让一部分先富起来"，可不可以借用这句话，改成"让 1 亿人先聪明起来"呢？史玉柱一听就乐了，欢呼雀跃般地说："就它啦！"

这句广告语十分切合当时中国老百姓脑海中的邓小平语录，所以给消费者留下的印象很深，几乎是一下子就被记住了，而且引起热议。毫不夸张地说，这句广告语促成了脑黄金的成功推广。

刚刚出世的脑黄金，其实并非市场上绝无仅有的保健品，在江浙一带，它遭遇了一款叫"多灵多鱼脑精"的保健品的抗衡。价格战当然是最下策，所以只有打广告战。

多灵多鱼脑精投资 100 万元的广告费，脑黄金就投入 200 万元；它的广告语是"五盒一疗程"，脑黄金就打出"四盒见效"的金字招牌。而且，脑黄金的地区性广告，有在中央电视台打的形象广告的紧密配合。

史玉柱在央视 A 特段播出 30 秒广告，而区域性媒体主打功能诉求，配合大篇幅讲解，分别在晚报、地方日报、海报、科普文章、锦旗等方面下功夫，可谓传统媒体和户外广告数箭齐发。

在华东地区，脑黄金每天的广告费用都高得令人咋舌，可营业收入却是 10 万元广告费的 8 倍！

此外，史玉柱紧抓分公司的兴建工作，设立了营销部，重拳出击。1994 年 11 月，他把全国市场分为 7 大片区：华南、华东、西北、中南、西南、东北、华北。分公司设在省、自治区、直辖市，并制定了"闯三关"的目标，即建立分公司、培训考核、实现销售回款。

史玉柱感觉时间紧迫，所以严格控制日程，要求在华东市场试销阶段必须建成分公司。为了完成总部下达的任务，某些分公司经理甚至直接带汇票赤膊上阵，一个月之内就把分公司建好了。

销售人员的培训工作也由史玉柱自己主抓，他不停地灌输给分公司经理们一个理念：铺开渠道网络经销和健脑观念，且"回款才是硬道理"。他在集团总部设立的营销管理部，也给分公司经理们施以巨大的压力。

没有压力就没有动力。除了铺天盖地的促销和全面开花的硬广告，史玉柱还要求加大软性广告的比重，注重消费案例的回收，致力于脑黄金典型病例、临床检验报告和科普文章的宣传。

他还把内刊《巨人报》的印刷数量增加到100多万份，以配合宣传。每天都会有脑黄金的销售人员把一份份报纸直投入户或夹报赠送。《巨人报》一跃成为当时中国企业内刊的印数之最。

这场战役，从1994年10月打响，到1995年2月结束，仅4个月的时间，在紧锣密鼓的宣传攻势带动下，产生了1.8亿元回款。如果不是因为供货不足，回款额度会更大。史玉柱的营销策略，再次被事实证明是成功的，也是超前的。

当时，太阳神和三株口服液还在农村刷墙体广告，他就已经开始发动轰轰烈烈的全方位立体式广告战，并进行严格的渠道建设和管理了。他首战告捷，只待乘胜追击，使出十八般武艺，把整合市场营销方式发挥得淋漓尽致。活动、专刊、软文、电视广告、报纸，一应俱全，全面轰炸。

事实上，脑黄金的营销过程产生了很多花絮。在报纸广告方面，史玉柱把文案分为老人篇、成人篇、儿童篇、综合篇。综合篇，主要讲近10年来美国国会号召的10年健脑活动，以及日本政府提出的吃DHA补脑计划。接着，阐述巨人推出的脑黄金系列产品的特色。

为了让广告增强吸引力，史玉柱特地配上了具有视觉冲击力的图片。他在图库里找来找去，没有太多合适的，就决定自己拍摄。他让巨人的职工穿上巨人制服，列队前进。

成人篇的图片也没有满意的，史玉柱就把广告部的经理叫来，让他自己掐住自己的脖子，把眼睛尽量瞪大，如此便拍出了一个非常有震撼效果的图片。

在儿童篇里，史玉柱看中一个图片，上面有个光屁股的小宝宝，在地上爬，后面放着一个大鸡蛋壳，就好像小孩是从蛋壳里爬出来一样。

史玉柱做这么多事情，目的只有一个，就是尽最大限度吸引消费者的眼球，让他们聚焦于巨人脑黄金的广告。

脑黄金的文案写得也很精彩，让消费者阅读后很容易产生消费愿望。

配合这些宣传性文章，史玉柱还在软文上下了功夫。脑黄金的软文重在说理，有专家签名，重点强调脑黄金在国外的受重视程度，以及国人健脑的需要。软文在硬广告还没有投放之前就刊登出去，十几篇下来，产生了非常好的效果。

事实上，此时消费者对于某些理念的抵抗力几乎为零，这时候给他们灌输脑黄金的科学概念，介绍 DHA 的科学原理，作为铺垫，作为硬广告的先锋，他们也就更容易被脑黄金吸引过来了。

除此之外，巨人还举办了各种宣传互动，比如知识大奖赛等。公司跟各地团委等正规渠道合作，出一些跟健脑有关的科普知识问答题来做社会公益活动，通过这种方式配合脑黄金的相关宣传推广，效果一样颇为明显。

当时还没有类似的活动，所以这次活动给消费者留下了深刻印象。不过，史玉柱仍不满意，又把桌面 POP、海报和推拉等先进的营销方式都一并用上。后来，脑黄金又先后做了学生市场和礼品市场，并开发出一句经典广告词——"今年过节不收礼，除非巨人脑黄金"。

当时史玉柱投资保健品，大家都不太看好，可是市场销量验证了他的眼光。他知道，消费者会越来越倾向于花钱买健康，所以才极速扩张资产，直至发展了遍布全国的子公司网络。

脑黄金的策划十分成功，在华东的试销也很快见到成效。第一个月投入没有收回来成本，第二个月便大有起色，到了第三个月，直接见到了利润。就这样，脑黄金于 1994 年年底正式推向全国，并在 1995 年年初实现月盈利 1000 万元。

脑黄金的目标消费群体很多，小孩、老人、中青年都可服用。当然，在脑黄金推广过程中，也不可能不遭遇挫折。

1995 年，中国发布了《广告法》，史玉柱的脑黄金广告语"让 1 亿人先聪明起来"被定为违法，工商局下了行政命令，勒令停止，这可怎么办呢？

史玉柱冥思苦想，想出了针对学生群体的"考、考、考，先健脑"的广告词。也就是说，目标市场聚焦在了青少年层面。此番改弦易辙，一样收效甚佳。只是，在 1995 年下半年，脑黄金的销量出现了下滑。因为该产品做了不到一年，史玉柱并不晓得产品周期如何，7 月份销量很不错，他就以为 8 月份会更上一层楼，可是 8 月份销量直线下滑。后来他才明白过来，5 月份到 7 月份正是高考期间，热销是正常的。过了这个季节，淡季自然就到了。

在这期间，史玉柱不禁萌生了一种危机感。他感觉，如果不推出新品，仅凭脑黄金一个产品，无法抵御市场低迷的不利影响。因而，从这时开始，他的"多点开花"策略开始全面实施，这使得集中到脑黄金一款产品上的资金开始不足。相应地，广告减少了，而且脑黄金的效果又需要长期验证，凭借一时的服用感觉不出来，故此口碑上颇受影响，加之高考市场需要持续做广告，而脑黄金广告量的减少使得这款产品缺乏后劲，最终，生命周期甚短的脑黄金，逐渐从市场上销声匿迹。

这次"交学费"，让史玉柱明白了一个道理：做保健品一定要做效果明显的。如果脑黄金的效果能立刻显现出来，即使广告不做，也还是会形成强大的口碑效应。

前有车，后有辙，史玉柱打起精神，准备再战江湖！

广告之"殇"

1994年，脑黄金推出之际，史玉柱当选为中国十大改革风云人物。《福布斯》在这一年第一次评选大陆富豪，史玉柱名列第8位。此时的史玉柱，希望让知识份子的风采在商业领域充分体现。这一言论，对青年一代是莫大的鼓舞和鞭策，而他也在同年跻身中国"十大杰出青年"，成为青年创业的排头兵和旗帜。

当时，面对国际竞争者的大量涌入，北京中关村风声鹤唳，强敌环伺，处境艰危。电脑市场逐渐饱和，竞争也开始进入白热化阶段。巨人管理层感到单一做电脑已经不能适应新形势的发展，以多产品支撑企业，成为下一阶段发展的重中之重。

史玉柱在一次会议上提出了"二次创业"的看法，把巨人的发展用"打战役"做类比，确定了巨人未来的三大主导方向，即概括为"三大战役"，产品包括电脑、保健品和药品。他的梦想是做"中国的比尔·盖茨"，计划在"三大战役"结束之后，把巨人的产值推向 100 亿元的高峰，成为中国最大的企业。可是，由于没有进行系统详实的市场调查，他的宏伟计划渐渐带上一种"赌"的色彩。

史玉柱之前的创业之路一帆风顺，令他认为自己运气好，天时、地利、人和一应俱全。故此，他和团队几乎自满地认为做什么都能成功。推出脑黄金之后，史玉柱打算再一齐推出 12 种保健品，把 1 亿元资金砸向广告。

"三大战役"，就这样因势利导地发动了起来，这是一场声势浩大的"巨人健康大行动"。史玉柱的宗旨是：数字就是规模，速度就是效益。他开始引导巨人全面转型，向着新的征途前进。

1995 年 2 月，春节上班后第一天，史玉柱下达了总动员令，采取集中轰炸的方式把所有产品一次性推向市场，产品种类超过 30 种，包括 10 种药品、十几款软件和十多种保健品，耗资上亿，力图把全国人民的眼球都吸引过来。

史玉柱意气风发，亲自挂帅。他把公司各级经理称为师长、军长和方面军司令员，这样的称谓，让一些人批评他"野心勃勃"，但他自己评价说，我要的就是霸主地位。

以"脑黄金"为标志性产品，"三大战役"为巨人创造了丰厚的利润，脑黄金也取代汉卡成为家喻户晓的明星产品、巨人最赚钱的产品。

同年 5 月，史玉柱突发奇想，准备搞一个系列广告，以新颖的形式迎合消费者的心理。团队在他的领导下，推出了 7 个重磅黑体字："巨人健康大行动"，画面一天一更换，层出不穷，花样翻新，面积也一天天增加，直看得人眼花缭乱。

他指示营销团队工作人员立刻快马加鞭，实施该行动。几天后，巨人的员工拜访了几乎全国每一家大报社。他们夹着广告图样，手里拿着巨额支票，无一例外地在向报社递上支票时，提出同样的要求：在接下来的一两个月之内，以两个整版的版面或者一版，实在不行最少半版的版面，刊登他们的黑体字系列广告。

就这样，仅 5 月 18 日、19 日两天，巨人就支付了 500 万元之多的广告费。

如此铺天盖地的声势，不可能不吸引读者和媒体的眼球。巨人一共发放了 138 个系列广告，也相应地引起一些反响。

当时这些广告的创意之超前，放到今天恐怕都难以企及。在一个广告中，一架 B52 轰炸机出现在一座大城市上空，机身带有"巨人"标记，一连串重磅炸弹对城市进行猛烈炮火的袭击，炸弹上赫然写着"医药""电脑""健康品"的字样。

史玉柱就是想达到这种对全国消费者的意识进行狂轰滥炸的效果。

另一则广告里，出现了三辆重型坦克，也分别标有"电脑""医药""健康品"的字样，夸张的卡通炮口黑而变形，浓重的战争气息令人感受到了非比寻常的创意。

还有一则十分有趣的广告，是调侃世界名人的：他们手挽手昂首向前走，由爱因斯坦带路，他手持《巨人报》，与里根、撒切尔夫人、玛丽莲·梦露、卓别林等 7 位名人一道，背对着后面的 4 个脑门。那4个黑黢黢的脑袋略带惊悚的意味，令人不免疑惑是不是二战元凶或克里姆林宫最后的旗手？

史玉柱的本意，是完成巨人的重大战略转型，或借助广告攻势扩大销售量，缓解公司资金周转不灵的局面。不过，他超前的广告创意却给了大家负面的心理暗示，这次广告战引起了一些媒体的批评和抵制。比如四川省的《重庆晚报》就批评这些广告看上去像"地狱"，让人联想到50年前日本对重庆的轰炸。文章还称，这些广告令人感到愤怒。

广东的《华商时报》则认为，这些广告存在误导倾向，内容不健康，违背了当今的和平环境；天津的《北方市场导报》认为，该广告用不良的恐怖方式耸人听闻，造成了不良影响。

木秀于林，风必摧之。此时的史玉柱不再是创业伊始时那个口袋里只装着4000元人民币的名不见经传的家伙了，而是全国十大杰出青年，还屡次受到领导人的盛赞，故此他的一举一动都会引起全国上下的关注。

因而，这次超前广告创意的突然出现，让太多人始料不及，不知该不该接受，以及如何接受，包括如何接受史玉柱的广告方式。

如此，"三大战役"打得愈发艰难。在困境中，史玉柱宣布自己将从管理前线退出，挂帅集团董事长，然后召开职工大会，把原来集团的干部先解职，再重新任命。这一系列决策和组织结构的变动，是在特殊情况下做出的临时决定，这也使得公司人事管理处于一种左右摇摆的不稳定状态。

总之，史玉柱第一次让自己成为众矢之的。

同年7月10日，他收到国家工商行政管理局的紧急通知，"巨人健康大行动"系列广告的创意内容在全国上下引发了众多议论和猜忌，造成了不良的社会影响，基于此，工商管理部门紧急通知各地立刻停止发布该广告。

甚至，某些广告创意还违反了《广告法》第三条，关于广告应符合社会主义精神文明的规定。此外，"名人手拉手"存在侵犯名人肖像权的问题。马克思、毛泽东、邓小平都有，第一排的伟人向后走，第二排就是很多人的头，这样就不是一排而变成两排，第二排人的脑袋露出1/3。而且，脑袋不是问题，甚至有个脑袋的秃头上有地图，可这也没关系，因为那个是戈尔巴乔夫。不过，有个脑袋不行，他跟别的脑袋不一样，其他人的头发是从左向右，他是从右向左——这个人是希特勒。

至此，史玉柱精心策划的系列广告中的坦克篇、飞机篇、大手篇、大靴篇、名人手拉手篇和巨豹篇，均被列为违法广告，自《通知》下发第一天始，这些广告内容在全国各大报纸上消失了。这给史玉柱带来的间接销售损失高达1亿元，而投入了数千万元发动的广告攻势也就此偃旗息鼓了。

史玉柱的广告意识太超前了，而且锋芒太盛，这两点就足以把这次广告战打趴下。

史玉柱的广告，做得沸沸扬扬，惊心动魄，实在不能不引起非议。而后，随着市场经济的步步深化，史玉柱这样狂轰滥炸式的广告形式，发挥的积极作用也变得有限起来。

史玉柱隐隐察觉到这种广告方式的弊端了。此番，他又亲自上阵，第一个星期就花去5000万元广告费，造成轰动全国的声势。广告不是整版，而是跨版，尽显"巨人"气魄。可是，广告战结束后，经过效果评估，关注度和知名度有所提升，却在消费者需求上迷失了方向——广告的实际效果为零！5000 万元巨款又交了"学费"。

也就是从这时起，巨人开始逐渐走下坡路，史玉柱等于是下了一步"臭棋"。

声势浩大的"三大战役"，最后以失败告终，史玉柱觉得，失败的原因是因自己没把消费者研究明白，继而才造成如此不利的局面。

广告打得很虚浮，带有狂妄自大的色彩，忽视了广告的本质，即未能把产品能给消费者带去的益处传递给他们。

第四章

巨人崩塌

地基未稳

1994 年，"三大战役"和百亿计划推出之际，也是巨人大厦破土动工之时。当时，史玉柱原计划在上海建一幢比巨人大厦更高的楼宇，但由于详情需同上海市政府商议，所以一时没有得到落实。不过可以肯定的是，上海市政府对这一计划非常支持。

受制于各方"压力"和"激励"，巨人大厦已被史玉柱推高到64 层。

1994 年年初，巨人大厦开工典礼举行的那一刻，带着金色边框眼镜的史玉柱走到台前，正准备对外宣布巨人大厦的层高将是 64层。可他话还没到嘴边，目光便同梁市长的眼神相遇。他看到梁市长眼睛里显出股切期盼的神色，只觉得一股报恩的热情涌上心头。他心想，"64 层也没与国内一些高楼拉开太大距离。"于是一咬牙一跺脚，便向外界宣布："巨人大厦要建 72 层。"

此时的史玉柱已被捧上神坛，骑虎难下了。但是，他自认为有办法解决这个难题。因此，当记者采访他时，他还是信心满满地透露，这幢拟修建的大厦，确定为 70 层，高 260 米，需要花掉 10 亿元人民币。

国务院总理李鹏还亲自为大厦提名。

大厦准备安装高智能化设备，由世界著名的巴马丹建筑及工程师有限公司设计。采用"智慧型"概念，据说是 21 世纪商业活动的最新模式。配备有中央电脑管理系统，联通全世界的电脑网络，全天候数码局部地区控制空调系统，接收卫星电视节目的人造卫星天线，以及洲际视像会议设备和光学纤维网络等。

这座大厦的设计颇具"名厦"风范，豪华高雅，宏伟宽敞的大堂高 6.7 米，有着合理的商场布局、实用的写字间间隔和极少的柱位。为了让使用者方便出入，将装配 30 多部高速电梯，而且还要装一部亚洲最高的观光电梯，可以鸟瞰整个珠海，让美景尽收眼底。

大厦的位置，则在珠海的中心地带——银桦路。这里有政府、文化、金融、通讯、体育、购物、商业和娱乐一体化的集群，100 万流动人口和 30 万固定人口。预计巨人大厦要被周围林立的大商场环绕，形成众星捧月之势，体现出巨人大厦的摩天耸立和皇者地位。

一条宽敞的巨人廊就位于巨人展览大厅门外，将摆放 11 位中外巨人的塑像，有毛泽东、邓小平、爱因斯坦、华盛顿、马克思、孔子、牛顿、贝多芬、居里夫人、拿破仑。不过，还有一个巨人位置是空闲的，不知道会摆放哪位巨人的塑像。

20世纪90年代初，是珠海市房地产开发过热的一个阶段，即所谓的"第一轮高峰期"。查阅珠海市建设局的档案资料可以获知，从1992年到1993年，房地产投资总额达到了33亿元之巨。在这种情况下，巨人大厦可以为史玉柱创造的利润之丰厚，他自己都不敢想，只是觉得机会来的太快、太猛。

可是，后来由于国家出台宏观调控政策抑制经济过热，致使银根紧缩，银行停止了房地产贷款。珠海房地产市场也遭受打击，导致多处楼盘停工。大大小小数百栋烂尾楼就是那个时期留下的。

当时，珠海市为了扶持巨人集团，树立史玉柱这个"典型"，先后批给他大约4万平方米的地块，每平米只有125元，等于白送。70层的高楼，需要12亿元作为建设资金，可史玉柱手里的现金只有1亿元。

原来，对于建设资金的筹措，他打算"三分天下"，1/3靠贷款，1/3之一靠卖楼花，1/3靠自有资金。而实际上，他从1993年开始就执意不从银行贷款，对资金的筹措主要采取卖楼花等集资方式。

当时房地产市场火爆，只要盖楼就不愁卖，随便买一块地，画一张图纸，就一切OK。但自1994年开始，国家已经意识到经济过热，开始实行宏观调控，限制了卖楼花活动的开展。

面对这种情况，史玉柱还是坚持零负债，不求银行。当时，巨人集团每月回款额度为3000万元到5000万元，最高时达到7000万元以上，如此实力，完全可以支持他持续申请流动资金贷款，并逐渐变为在建项目的分段抵押贷款，来进行巨人大厦的营建。可执拗的史玉柱不愿意这么做，他还是希望能用卖保健品的利润积累来建高楼。

就在"三大战役"启动及巨人大厦动工的紧要关头，又发生了两件事，一件是巨人集团西北办事处主任挪用、贪污巨款；一件是曾参与开发 M-6045 的研发人员，辞职后把技术倒卖给另一家企业。

形势如此严峻，史玉柱怎么能让管理落后于企业前进的步伐？他决定聘用北大方正集团总经理楼滨龙出任巨人集团总裁，全面负责管理。

楼滨龙是史玉柱的知音，对史玉柱评价极高，说他的做法在中国没有第二个人做得到，很了不起。

有了楼滨龙在管理上做后盾，史玉柱开始着手巨人大厦资金的筹措。他在香港获得卖楼花款共计 6000 万元，在国内楼花售得 4000 万元。

1994 年年中，江泽民总书记视察巨人，鼓励巨人站在世界软件开发的前列。为了响应国家的号召，史玉柱召开员工大会，分析经营管理中的问题和隐患，并对百亿计划的具体步骤做了指示——1995 年要达到 10 亿，1996 年 50 亿，1997 年就要达到 100 亿。

在房地产方面，除了巨人大厦的 12 亿元投资，史玉柱还计划投资近 5 亿元，在黄山修建绿谷旅游项目，并打算花 5400 万元为巨人总部大楼做一个装修工程。他还在上海浦东买了 3 万平方米土地，准备在上海建设一个巨人集团总部。而且，他还有更宏伟的保健品设想，就是投资 5 亿元，在一年内推出 100 个产品。

目标是远大的，但这么做的结果只有一个，就是人力、物力、财力的分散，无法聚焦于一点，也就无法在任何方面形成核心竞争力。巨人的资金、管理和技术能力都跟不上，人员素质也不能与既定目标相匹配，导致风险无限增大。

巨人大厦如果只盖 38 层，巨人完全可以承受。但 70 层的高度，需要 6 年才能建成。史玉柱筹集了 2 亿资金后，又从集团内部斥资 6000 万元。

1993 年时，珠海西区别墅在香港卖楼花，筹集资金达 10 多亿元。可等到 1994 年史玉柱买楼花时，不投资到一定数额，预售许可证就别想拿到了。规范的限定也是越来越紧，有关方面的立法也快速增加。史玉柱虽然是销售高手，但使出浑身解术，也只卖出了 1 亿多元。

在修建巨人大厦的过程中，花钱最多的部分是地下。因为地下等于要建 18 层，相当于地面的 50 层。打桩一项就需要 68 根，最长的桩需要打 82 米，而且地下 20 米之下都是石头。这样一来，史玉柱光是打地基就得花掉 1 亿多。之后开始建 2 万多平米的地下室，大堂的高度达 17 米，处处需要钱，所以建地下三层又砸进去 1 亿。

两个亿就这样没了影踪，可巨人大厦的地面部分还没露面，这似乎是个不详的预兆。当大厦建至地面三层时，史玉柱决定先卖楼，用卖楼筹集的资金先建 20 层，然后再装修这建好的 20 层。建好后再卖掉这 20 层，接着再用卖楼的钱继续加高楼体。

此时的他，还不懂得向机会说"不"，更不能跟领导说"不"。他手里的 2 亿元只够给这座大厦打地基，这个成本收益账，他算来算去，感到对自己不是个机会，更像一个填不满的窟窿。

一波未平，一波又起，"天时"和"地利"也开始为难他。

大厦的选址，正好位于三条断裂带上，有严重的积水问题。为了解决，他又投入了 3000 万元。建大厦期间，珠海还闹了两次水灾，也对大厦的建设构成威胁。地基被泡了两次，整个工期延误了 10 个月。

这时，他向联想集团董事长柳传志求教，但柳传志对其似乎不以为然。在柳传志眼里，史玉柱有些年少轻狂，向自己请教，也不是一片诚心。确切地说，他觉得此时劝史玉柱也没用。史玉柱完全被一种浮躁的情绪包裹着，让人觉得他正在玩火。

而且，柳传志对史玉柱的广告方式也十分不赞同。因为当时巨人在香港卖楼花的广告，还是"巨人手拉手"的模式，马克思作为思想巨人，拿破仑作为军事巨人，孙中山作为政治巨人，都上了报纸广告的版面。最后，经济巨人确定为"巨人大厦"，而且承诺如果 3 年不回本，不能拿到 180％的回报，巨人就会赔款多少钱给投资者。

总之，当时巨人大厦地基未稳，似有摇摇欲坠之势。

虎头蛇尾

巨人集团，此时已是国内最有名气的高科技企业，而且计划在 1995 年上市融资，再加上公司向公众提供了一份无风险保证，写明"零风险、高回报"的承诺，并由中国人民保险公司提供 100％的回报保险和本金保险，由珠海市对外经济律师事务所进行常年法律公证。

这些承诺的诱人和"稳妥"，以及香港特定的经济环境，令巨人大厦的楼花在香港销售情况十分火爆，居然被炒到每平米 1 万多港元。尽管如此，史玉柱手中的资金还是不足以承担巨人大厦的建造费用。

为了解决巨人大厦的资金问题，除保健品之外，史玉柱还瞄准了药品市场。巨人投入将近 3 亿元资金收购药厂。当时这些药厂的收购价格相对较低，50 万元就可以购买。买下之后，股权还没过户，就开始了药品的生产，比如治疗感冒的、治疗高血压的药品，还有治胃病的等。

另外，在保健品方面，除了脑黄金，还有巨人补钙，利用的是鲨鱼的软骨磨成的粉状物，命名为巨鲨软骨，加上另外十几个，有巨人吃饭香、巨人银杏、巨人肝黄金、巨人养胃、胡萝卜素、脑黄金奶粉等，令人眼花缭乱。

事实上，这些举措非但不能让史玉柱快速聚拢资金，反而进一步分散了资金。

史玉柱踌躇满志，并全情投入到"百亿计划"的实施当中。他乐观地估计，单是巨人大厦建成后，价值就可达 48 亿元。

他非常热衷制定宏伟的收入目标，对任何一个时间都定了一个目标。史玉柱觉得，企业分不同的种类：第一种是安定型的；第二种是追求短期效益的；第三种是追求长期效益的；而第四种，则既追求长期利润又追求规模效应和社会效益。

他把自己的企业定位在第四种类型，希望巨人每年都能迈出一大步，上一个新台阶。除了"百亿计划"的大政方针，他还制定了具体的行动纲领，称为"三级火箭"。

第一级火箭，是巨人集团在第一年的发展规划，包括对脑黄金进行市场推广测试，并锻炼、培训巨人的领导班子和员工。通过这种方式，保证巨人从电脑行业向保健品行业转型。

第二级火箭，指的是在第二年，巨人将实施规模化发展战略，持续扩大产品和市场营销规模。他把速度摆在头等重要的位置，而且要求保健品产品线的规模要尽量达到宝洁公司那样大而全面的分支机构标准。

第三级火箭，是第三年的发展规划。史玉柱计划巨人在未来要实现"没有工厂的实业，没有店铺的商业"这种运作模式，规范和完善第二级计划体系，然后进入连锁经营和资源领域。

通过这些步骤，史玉柱希望能把巨人打造成世界 500 强之一的宝洁公司那样的品牌经营巨头，即把生产交给其他企业做代工，而巨人聚焦在品牌经营上。连锁和传销两种方式的渠道建设，被定为主导的网络。

遗憾的是，史玉柱和他的团队都没有意识到巨人的目标制定得不切实际。他把所有产业聚拢在一起去打广告，而不注重细节，知名度是有了，但在宣传产品方面并不成功。他沉迷于此，对形式的在乎超出了对本质的重视，其实是想打出一个气势，可没想到招致了广告宣传的失败，对卖产品没起到实际作用。

为了支持百亿计划的顺利实施，史玉柱开始在巨人改制方面下了大功夫，成立了 8 大事业部进行独立核算，由 4 个健康事业部、3 个药品事业部和 1 个生产制造部组成。在电脑方面，运作形式主要是内部股份制，成立了独立的法人公司，为的是有利于技术人员对内部技术权益的享有。

至 1995 年 10 月，巨人旗下子公司从 38 个一跃发展为 180 个，员工队伍也急剧膨胀，从 200 人扩大到 2000 人。全体管理人员实现了竞争上岗，而且总部向各大子公司派遣监察审计和财务双总监，直接对公司总部负责，两者又各自独立，互相监督。另外，还成立了干部学院，让 780 名管理人员到南京海军学院进行为期一周的军训。

在营销网络方面，巨人联合全国 50 多万个商场，100 多个配套厂和 17 个正规工厂，24 小时昼夜不停地运转。分公司召集了 200 多名财务人员加班加点为买家办理提货手续，仓储运输部门由 100 辆货车组成，一时间，车如流水马如龙，浩浩荡荡。

在实施百亿计划的过程中，史玉柱并没有忘记巨人赖以起家的计算机产业。在他心里，计算机产业仍占有最重要的位置。他从 1995 年 8 月开始调整了产品结构，确定以后把软件作为主打产品，逐渐从硬件市场退出来。他下了很大决心方才确定了这个方向。

当时，中国计算机产业处于低潮，史玉柱觉得，要从低潮过渡到高潮，需要在中文软件上下功夫。要想发挥中国民族计算机企业的优势，必须先占领国内中文软件市场。这需要严格的管理做支撑，而管理正是中国企业所缺少的。

国外企业十分注重管理，巨人需要取经，积极向国外学习。史玉柱感到，中文软件的面很广，不仅包括文字处理，还包括商用软件、教育软件等。他要求公司在各个方面都推出创新型产品，创造出新的需求，把中国计算机行业从低谷中挽救出来。

以这些想法为基础，史玉柱组成 10 个电脑事业部，全面开发软件，包括管理软件、会计软件，以及汉字识别。

在汉字识别方面，巨人为后来的文字识别系统做出了一定贡献。现在手机的手写识别的成功，也有巨人的功劳在其中。

当时，中国大部分民营企业都是搞电脑倒卖，真正在研发方面有投入的寥寥无几。巨人投入研发，把识别率从百分之二三十提高到百分之七八十的水平，为以后的产品开发奠定了基础。

只是，这一切举措都未能阻挡住巨人的颓势。广告费用耗资巨大，效果却几乎没有，产品的销售形势一落千丈，跌入谷底。为了扭转局面，史玉柱在 10 月 2 日宣布发动"秋季战役"，但已经没有实力造成三大战役时的声势和规模。在众人的共同努力下，销售情况有所好转，可并没有进入下一轮高潮。

年末岁尾，产品销售形势依然不容乐观，财务状况吃紧。史玉柱宣布公司进入紧急状态，需成立法律事业部，而且把一批不得力的省级经理撤掉。

"秋季战役"的黯然落幕，使巨人面临着前所未有的财务恶化局面。这场战役没能挽救史玉柱的"百亿计划"，也预示着巨人的"滑铁卢"即将到来。

巨不肥

巨人大厦在建的这一时期，史玉柱陆续推出健脑、减肥、强肾、醒目、开胃等 12 个品种。上百家报纸的整版广告，刮起了一阵巨人旋风，虽完成了 15 亿元的市场订货量，但也由于多点开花的多元化战略而加大了公司的风险。

巨人盲目扩张的势头并没有得到有效遏制，因为史玉柱还没有彻底"醒悟"。

1997 年，步步高电子公司老总段永平对他说，做企业就像高台跳水，若想安全，动作不能太多。而史玉柱不知是由于急切地想为巨人大厦的建设筹集资金，还是听从了珠海市政府"甩开膀子大干，不要怕犯错误"的鼓励，总之，他已没有耐心用心听取同行的劝告。

1996 年年初时，史玉柱还发动了史无前例的"巨不肥会战"，口号是"请人民作证"，响彻大江南北，掀起了一阵保健品热销的浪潮。

"巨不肥"的市场启动方案是成功的，特点是以赠送的方式，以活动为依托进行产品宣传。可是，后来具体策略没有把握好，打开市场之后，没有做后期策划，不知下一步该如何运作了，最终导致产品的失利。史玉柱在营销上的天分，在此时居然连他自己都无法驾驭，导致巨不肥在短时间内发生了兴衰巨变。

这个"巨不肥"，被称为"鲜为人知的产品失败"，揭示了其市场营销的有始无终。

这一时期盛极而衰的保健品品牌，除了巨不肥和脑黄金以外，还有其他公司推出的产品，如太阳神口服液、延生护宝液、三株口服液、振华 851 等。

史玉柱曾聘请三株公司的 3 名市场营销能手来帮助主持著名的"三大战役"，然而却以失败告终。狂轰滥炸式的广告策略，需要在短期内见到明显的市场反馈，可这并非轻而易举。因而，在用尽招数，市场仍然不见起色的情况下，外欠加工费的情况愈演愈烈，有的厂商开始故意捣乱，12 片装的巨不肥只给装 11 片，巨人养胃的包装盒里装的是脑黄金。回款跌破保本线之后，媒体的广告费催缴也愈发紧迫，经销商们甚至以炸药和刀子相威胁。

面对强力推销模式的惨败，史玉柱必须得承认，公司成立以来最大的一次经济危机爆发了，而且"三大战役可以说失败了"。

此时他沿用的仍然是巨人汉卡当初的老套路，就是根据销量不断扩大广告宣传的力度，以为这样回款就会像广告投入一样成比例地增加。可是保健品不是巨人汉卡，市场状况也同当初的汉卡市场大相径庭。

随后，史玉柱宣布巨人进入生死攸关的时刻，全面进入紧急状态，员工要无私奉献，不分岗位、部门，一律加班到晚上9点。同时，他决定开始打局部攻坚战，进行"巨不肥之战"最后攻势，作为挽救巨人的一个砝码。

保健品同汉卡的区别在于，汉卡有明显的用处，而且立竿见影；然而保健品的功效，正如品牌塑造一样，有一个效用逐渐显露的过程。可这个过程消费者们是等不及的，如果作用不明显，保健品就成了可有可无的消耗品，甚至累赘和负担。

因此史玉柱想，秋季战役的失败，是不是由于脑黄金的功效太慢导致的呢？怎样能让消费者很快感觉出效果？毕竟只有效果显著，才能迎合消费者的消费心理。

他自然而然地想在巨不肥的广告宣传上下功夫。此时，减肥市场还没有出现擎天柱似的企业，90％以上的消费者还没有用过减肥产品，而用过的消费者中又有70％以上没有达到效果。故此，减肥市场有着巨大的潜力，春夏季正是减肥产品的消费旺季，应该利用营销网络优势抢占市场份额。

为了回款，为了销量，史玉柱制定的巨不肥功效宣传口号显得有些好大喜功，名不副实："二天见效""100％有效"等用语，都是为保证足够的市场占有率服务的。"如果巨不肥使你身材苗条，请你告诉别人，巨不肥好；如果巨不肥使你精力充沛，请你告诉别人，巨不肥好。"

这样的广告语用在今天做大规模宣传，不免令人失笑。可是，为了确立"一切为了终端消费者"的营销口号，史玉柱不得不组织人力、物力，利用各种手段制造口碑、宣传产品。对此，他的一位部下说："这位年轻的知识才俊显然对民众智力极度蔑视，而对广告攻势有着过度的自信。"

除了巨不肥，采取这种夸张广告文案进行宣传的巨人公司保健品，还有主打产品之一"鲨鱼软骨"。这款保健品的宣传文案标题是《鲨鱼不患癌》，作者署名是美国加州大学博士袁彬。

其实，事实并非如此。这篇文案只是一个外语系学生写的，其他的保健品病例或文案，也基本都是中文或新闻系毕业生的作品。而且，巨人保健品研发部的经理并不是科研人员出身，只是由一个广告公司经理兼职，这体现了当时保健品市场的不规范。

史玉柱制定的市场启动方针包括：文章、口碑、广告。启动策略是由南向北逐步启动。1996 年 1 月在广东试销，3 月进行全国大赠送，4、5 月全面围剿，6 月至 8 月巩固已有战果。

史玉柱亲临指挥部指挥作战，下辖三大野战军，每个野战军又被分为七八个兵团，兵团又被分为纵队，精干人员还被组成冲锋队。公司行政管理、文秘人事等部门全部取消，人员一律下去作战，真可谓是全公司总动员。连《巨人报》的记者也被定名为"前线记者"。这样算下来，"正规军"有 2000 人，"民兵预备役"有 5000 人。

史玉柱神色凝重地说："巨不肥"之战或者令巨人摆脱困境，或者令巨人倒闭。

此时，他也开始意识到事态的严重。可以说，这一时期的保健品营销，只是为他后来的脑白金之战做了前期演练。他还没有对保健品市场做实地调研，没有深入地研究保健品消费者的心理和消费习惯。

"巨不肥之战"，就这样如期地轰轰烈烈展开了。大赠送配合媒体广告，先在珠海试点，然后南宁、九江、长沙、郑州、邢台、济南逐渐推开，运动战和闪电战相结合，产生了火爆的赠送场面。甚至，有一个胖子还在人群中高举横幅：若能使吾瘦，我把颂歌奏。

这样热烈的氛围，甚至把英国的路透社都惊动了。

使用减肥产品的消费者的确很想瘦下来，史玉柱这次很好地抓住并迎合了他们的心理。

报纸一份份散发，营业员们兢兢业业地做好导购工作，科普文章又为这款减肥产品蒙上一层科技色彩。全方位立体式的轰炸，再现了脑黄金战役初级阶段的宣传攻势和投入状态。

保健品是史玉柱涉及的新领域，需要用长期效果说话，又不能忽视短期见效的作用，所以，这场战役，史玉柱可谓使出了浑身解数。

如果说，以前他的能力只用了不到一半，此时几乎达到了99%。保健品行业虽然暴利，但比起普通有形产品的销售，在促销上还是显得疾风暴雨得多。

就这样，史玉柱依靠全公司上下顽强的营销努力，以及自己极端的功效承诺，创造了4月增长速度是3月的127%的奇迹。5月比

4月回款还快，资金运作到5月已经平衡，实现了良性循环。

看起来，巨人不会倒了。然而，这一切是不是回光返照呢？

事实上，史玉柱的承诺过了头，"100％有效"和"二天见效"等死承诺，注定了巨不肥大起大落的命运。

正像席卷全国的广告攻势一样，巨不肥的功效一旦不能实现承诺，负面的口碑效应也就一触即发，难以挽回。

长期养生和短期奏效的内在矛盾激化了巨不肥的失败。而且，巨不肥短期的良好销售业绩并没有扭转巨人的败绩。

公司的制度出现弊端，管理漏洞也没有被很好地堵住，甚至一些人还瓜分了巨不肥的利润。各种贪污公款和违纪现象此起彼伏。例如，巨人的子公司康元公司内部财务管理有缺陷，总部也没派遣财务总监监督其财务工作，导致康元浪费现象严重，欠了一屁股债。1996年年底，康元的总债务已近1亿元，而且很多债务是不实的，都是公司内部员工贪污的结果，资产流失情况触目惊心。

更雪上加霜的是，截止到1996年7月，全国保健品市场出现了下滑的总趋势，巨人保健品也卖不动了。生物工程项目的费用无以为继，形势极其不利，这似乎更昭示了"巨人"的倒下。

大厦垮了

这一时期，巨不肥遭遇的"滑铁卢"，比起巨人大厦的危机，显得微不足道。

在巨人大厦建设期间，珠海遭遇了几十年不遇的暴雨袭击。在海边的小山上，爆发的山洪将巨人大厦地下部分连同设备一起淹没。

仅抽水一项，就花了几百万元。这无疑让回笼有困难的资金链雪上加霜。

起初，巨人每月回款的额度足以支撑巨人大厦地下部分的兴建，但建到地面以上就不够了。

巨人大厦资金短缺的情况始于 1996 年。史玉柱不得不把卖保健品赚来的钱全部投入到巨人大厦的建设中去，这自然影响了保健品的销售，因为过度抽血，以及管理问题的层出不穷，再加上国内保健品市场的日趋停滞，保健品业务从鼎盛时期迅速下滑并衰落到谷底。巨人集团潜藏着巨大的危机。

1997 年初，巨人大厦终于停工了，由于资金链断裂，这座大厦只建到地面三层。

1996 年 10 月时，巨人大厦承诺的完工日期一到，国内购买楼花的客户纷纷来查看，使得位于珠海市香港工业区第九厂房的巨人集团总部人头攒动，车水马龙。债权人们是来按照合同收房子的，但他们却看到大厦根本没盖起来，只刚刚在地面上露出丑陋的一截，他们顿时慌了。

种种现实，都在向他们传达一个信号：巨人可能没有实力继续建设这座大厦。

其实，当时只要有 1000 万元资金，巨人大厦就可以继续修建，房东们看见工地上的建设场面，情绪就会稳定下来。可这笔资金对史玉柱而言都实在"太大"。虽然巨人大厦有数亿元的楼花预售款，但巨人公司已经开不出工资来了，他个人账户上的钱也只不过区区十几万元。他和他的团队犯的一个错误是：楼花集资款只是公司的负债，不是公司的资产，但他们误以为这项负债也是他们自己的钱。

于是消息开始疯传，你来我往，如一阵凶猛的飓风，很快传遍了珠海的各个角落。投资者大多是用血汗钱买楼花的中小业主，本来想着通过投资受益，改变生活现状，眼下却落得"竹篮打水一场空"，他们岂能善罢甘休？他们像潮水一样涌向巨人总部。

媒体对巨人也毫不客气，地毯式追踪报道巨人的危机。由此，外界很快了解了巨人的财务危机和现金流断裂的情况，感觉巨人可能要倒闭了，故此有些个人或机构欠巨人的钱也不还了，这导致了巨人3亿多的应收账款全部泡汤。

1997年春，史玉柱被供货商追债，躲在巨人大厦的办公室里。记者来采访他，见他精神并没有垮掉，也未看到其有被眼前困境折磨得焦头烂额的迹象，更让人吃惊的是，他依然意气风发，与记者畅谈他的商业计划。他说，脑黄金是巨人最赚钱的产品，却因为讨债的问题可能干不下去了。他送给记者一板药片，说那是美国送给刚刚到访的中国领导人的礼物，他接下来就准备搞这个最新科技。

可是，所有的一切都在此之后戛然而止。

史玉柱平时忽视银行的作用，坚持不贷款，当危机爆发时，跟他关系并不密切的银行冷眼旁观，不想施以援手。珠海市政府虽然此前一直鼓励他大胆试验，失败也不要紧，然而此刻却也束手无措，提不出任何建设性方案。销售商们欠他的3亿元，有1.2亿是良性债权，可由于巨人的垮台，这些钱也没收回来。

史玉柱太过年轻，个性中又较为"孤僻"，只与珠海市政府碰头，不协调同银行的关系，这也是巨人倒下的一个主要因素。

当时，担任巨人常务副总裁的王建评价史玉柱，清高是他最大的弱点，与人交往是他最大的弱项，而零负债理论则是他最大的局限。

不过，史玉柱不觉得自己清高，他认为知识分子不是清高，而是不善此"道"。当然，这确实是他的一大弱项。

眼下，巨人大厦资金吃紧，史玉柱求助银行未果，只好把脑黄金已经高达1个亿的利润砸向巨人大厦的修建。可是事与愿违，巨人大厦还是无法挽救，变成了一座断壁颓垣的烂尾楼。

史玉柱把投资当成数学计算去做规划，而现实中的瑕疵和变量，让他的计划不可能像数学公式一样整洁干净。柳传志也认为，史玉柱把一切都往最好的情况去设想，才导致局面难以收拾。

面对巨人大厦的"倒塌"，香港没多少动静，国内购买了大厦楼花的债主，却全部登门要求退款。他们天天上门，不见到史玉柱本人不罢休。媒体也以席卷之势报道巨人的财务危机，连篇累牍，声势浩大，无可抵挡。

此时的史玉柱，真可谓叫天天不应，叫地地不灵。他亲眼看着巨人大厦成了一座仅盖了三层的怪物。这座楼倾注了巨人全部的资金和力量，以及他本人的心血和热情。他不能让巨人大厦就这样倒了，于是决定到美国去拉赞助。

1997年伊始，从1月到8月，史玉柱的脚步从未踏上中国的土地，一直在美国奔走，马不停蹄地为大厦的复工筹措资金。可不知为何，美国满地是钱却没有人愿意给他投资。

事情就这样拖到了1998年10月。珠海市政府一直在想办法挽救巨人，主持召开了巨人大厦贷款现场会。梁广大作为市委书记，发动银行为巨人大厦贷款。不过，这一着未能奏效。

梁广大终究算是史玉柱的恩人，史玉柱自然对其不胜感激。然而，政界人士毕竟圆滑老到，在事情眼看就要闹大，一切即将崩塌的关键时刻，梁广大突然在两周以后闪电式宣布退休。

"如果梁广大晚退休两周，巨人大厦的结果不是今天这样。"史玉柱后来评价说。

这时，珠海市政府再次伸出援助之手。他们找来了另一个房地产开发商，撮合他接巨人大厦的盘。修改了设计，也起草了合同，政府又配送了土地。眼看一切将要有一个新的开始，可就在签字的一刹那，那个房地产开发商突然变卦，跟史玉柱说："不行。"

史大胆此刻陡然变成了"史倒霉"，但让他自己都惊讶的是，这一刻，他却感到浑身轻松起来。他觉得，既然自己过了这么长时间的苦日子，使出浑身解数来营救巨人大厦，居然还是救不活，这说明这座大厦真的"气数已尽"了。一瞬间，他放下了心理包袱，但在他的内心深处，他始终认为巨人大厦还可以盖起来。

此前，史玉柱一直没停下拯救巨人。在财务危机被媒体曝光3个月后，他曾提出一个"巨人重组计划"，包括两个步骤，一是把巨人大厦80%的股权以8000万元的价格出让；二是合作组建巨不肥、脑黄金等项目的营销公司，让市场重新启动。可是，他跟10多家公司谈过之后，一点结果都没有。

巨人大厦，被形容是史玉柱的"滑铁卢"。后来他复出之后，在接受采访时回忆，盖巨人大厦的行为"哪儿像是办企业的人做的？更像是幼儿园一群人在那里拍板"。

巨人大厦也因此被比作"最头脑发热的烂尾楼"，有点评云：头脑发热之下，真是"人有多大胆，楼有多高层"。

自此，"巨人前传"告一段落。

巨人垮台了，史玉柱无力回天，他只能选择放弃，但他还是一心想着，以后赚了钱把债务还了。

史玉柱宛若天生的"赚钱机器"，可他把新项目——脑白金报上去审批，等来等去仍然没有结果。如果这样下去，债务的问题也还是无法解决。他真的有些泄气了。

一向忙忙碌碌，工作占用了全部时间的史玉柱，此时却成了一个大闲人。这种清闲只是身体上的；他的头脑不可能闲下来，因为还有债务没还，还有很多事情等着他去做，却一时半会做不了。

自忙碌之中抽离身体的史玉柱，想到了西藏。他很喜欢西藏，内心十分向往，从香港买来的奔驰车，这些年已经载着他走遍了中国几乎所有省份，西藏却还曾踏足，他想去看看。

高原之行，带给史玉柱的是对困惑的解答、受益良多的身心恢复。他做了深刻的反思，决定以后再不会如此急功近利，"追求冒进"。

这次西藏之旅，让史玉柱养成一个习惯，每当在事业上陷入两难的境地，就去西藏跟喇嘛聊天。他说："一个人对自己的命运能把握的时候，最不信佛，比如数学家、物理学家；当一个人对自己的命运无法把握的时候，特别容易相信，比如出海的渔民。"

他身处的环境变幻莫测，复杂异常，不可能完全在他自己的控制之下。所以当他无法找到方向，无法把控命运时，就会给自己一些奖励，求助宗教来慰藉自身。

珠海"首负"

巨人倒了，史玉柱身背 2.5 亿元巨债，可谓中国第一"负翁"。

在那个非常时期，他常把自己关在办公室里，不停地抽烟，室内烟雾缭绕，他知道自己无任何办法挽救危局。

1997 年 1 月 12 日，他被一群媒体记者和数十位债权人围堵在巨人总部。门外的声音沸沸扬扬，有债主、有幸灾乐祸者、有无孔不入的媒体，还夹杂着社会各界对脑黄金的质疑，这一切将史玉柱淹没在熙熙攘攘的讨债人流里。他窝在 300 平米的办公室，抽着烟，红着眼，以这般形象示众。

道义的谴责从四面八方飞来，史玉柱遭遇了空前的信任危机，仿佛置身悬崖峭壁，只需向前走一步就会跌落深渊。报刊上连篇累牍地报道巨人集团高层经理携款潜逃、拖欠员工工资、资产被查封等负面消息。

史玉柱拉下所有窗帘，把自己隔绝在总裁办公室，拒绝与外界接触，枯坐在一丝阳光都透射不进来的大房子里。几十天过去了，危机仍没有化解。

史玉柱盘算着，根据情况，巨人大厦只需要为数不多的资金就可以复工，很多矛盾也可以被妥善解决，可他就是无法找到这点救命钱。期间，他满怀希望地去了一次美国，却发现承诺给他投资的原来是个骗子。他每天不停地在总裁办公室来回踱步，地毯被踩得坑坑洼洼，他却还是一筹莫展。

他穷困潦倒，不堪重负，债主逼债，还一脑门官司，公司账号全被查封。他终于知道什么叫一分钱难倒英雄汉。公司穷得叮当响，刚给管理人员配的手机全都收回来变卖，只剩下一部手机供他一人使用。员工领不到工资，经济上变得拮据，但很多人不想走，都自觉地把自己的手机换成 BP 机，以节约开支。

史玉柱承认，失败就是失败，没有任何借口。他把巨人的全部情况和盘托出，丝毫不隐瞒，并且告诉员工，巨人的危机很严重，处境艰难，愿意继续跟着他的，也不会有很高的工资，所以留下还是离开，大家自己来选择。

高层管理团队成员基本都留了下来，中层走了一些，另外有一部分软件研发人员是被他劝退的，因为如果巨人以后要转型做保健品，跟这些研发人员的专业志向就不相符了。以前人来人往略显拥挤的办公区，一下子显得十分空旷，只剩下 30 多人。

已经崩塌的巨人大厦仍被媒体的凶猛火力包围着，品牌形象受到重创，而面对销售商欠巨人的货款，史玉柱却不能挨家挨户去讨。分公司像多米诺骨牌一样一个个倒下，不到半年时间，巨人彻底宣告倒闭。

一瞬间，史玉柱从腰缠万贯的企业老板，沦为一个身无分文，还欠着一屁股债的"负翁"。当年的中国首富是南德集团董事长牟其中，史玉柱开玩笑说，牟其中是中国首富，他是中国"首穷"。

揣着一颗受伤的心，他败走麦城，开始到处漂泊。他的败阵在当年引起巨大反响，而在他销声匿迹的 3 年时间里，很多人并没有忘记他，一直给他写信询问他的情况，希望他能重新站起来。

有一位浙江大学的在校校友给他写信说："你必须站起来，你知道吗，你的倒下伤害了我们这代人的感情。"

巨人是一个法人实体，一个有限责任公司，如果申请破产，史玉柱个人并不需要承担什么责任，可是他向外界宣布："即使巨人破产，我个人也要还老百姓这个钱。"

当时也许没人相信他的话，直接当耳旁风了。他的内心独白也被外界各种声音淹没，没人听得见，即使听见了，也不相信。

后来，他远走他方，历经三次劫难不死。按他自己的话说，三次差点去见马克思。第一次是在 1997 年 8 月，他攀登珠穆朗玛峰，中途爬到了海拔 6000 米的高处，氧气袋里的氧气没有了，他也精疲力竭，差一点就葬身在冰天雪地的半山腰。可是，他却幸运地没有被死神光顾。

第二次也是在 1997 年，他在西藏开车前行，正好遭遇了公路塌方，土石从上面倾泻而下，径直砸向他开的车。他明白过来时，发现车头已经被乱石埋起来。再晚几秒钟，他就彻底完了。

第三次是在 1999 年 9 月，他开着丰田吉普在安徽黄山附近以120 公里的时速前进，连人带车掉进 7 米深的山谷。但是，这次他又奇迹般地活了下来。

面对困局，史玉柱告诉自己一定要坚强。"一个人倒下去之后，这个人的价值应该是增加的，因为教训能够使一个人成熟，成功能够使一个人头脑发昏，失败能使一个人更有价值。"

史玉柱一直沿用"巨人"的名字，没有放弃过这个来自 IBM 创意的品牌。他对"巨人"还是有感情的，公司申请破产，他不会背上巨额债务，而他放弃了这条路。

珠海市遗留下来的烂尾楼，不止巨人大厦一处，而是几乎成灾。类似史玉柱欠下的这种债，没有多少会被偿还的，但他决心还债。

他对留下来的团队成员说，自己年龄还不算大，以后还想做点事，不愿一直背着这个污点，除非他将来只甘心当一个小老板。

巨人大厦因水灾而被泡的桩基，很多都在坑里，由于抢救不及时，都被淹了。这些仪器和巨人大厦的建设资金，大多是供货商的欠款。故而，巨人大厦业主的钱他要还，供货商的欠款他也要还。

那一时期，史玉柱开始养成戴墨镜的习惯，因为每次上街，他总感觉四周有人盯着他，虽然这些人不一定能认出他，但肯定感觉他脸熟，不自觉地会多看几眼。他心里特别难受，就好像做错事被人盯着一样。

他暗下决心，要进行第二次创业，并且给自己未来的人生道路规划了"两步走"战略，第一步是先还老百姓的钱，换回一个安心；第二步才是再努力做一个稳健发展的企业，根据这些年的经验教训，重新来过。

做企业的道理说起来简单，但只有真正失败过，才能深刻领悟。

史玉柱眼下面临的是一个天文数字的负资产，想打翻身仗，实在难上加难。他把书架上那些关于成功者的书扔在一边，开始看关于失败者的书，比如太平天国运动为什么会失败等等，希望能从中吸取经验教训。面对惨痛的失败，他在总结，也在试图完善和进步。

在这一时期，全国关于巨人和史玉柱的负面报道多达1000多篇。极度辉煌过后，他感到自己是如此孤独。他痛定思痛，决定深刻批判自己，把报纸上关于他的负面报道全部找来，一篇一篇地读，看别人如何评判自己，看别人如何诊断他的失败。骂得越狠的，他看的次数越多，甚至还组织了一次内部批斗，让所有人向他开火，指出他的错误，批判他的过失，给他当头一棒，让他从此清醒过来。

彼时，史玉柱是个十足的穷光蛋，身上只有几十块钱，给车加油都不够。但他的信心没有被摧毁，还想着从头再来。

如此，2.5亿元巨债，恰恰成为激励史玉柱二次创业的最强精神动力！

第五章
东山再起

曙光——江阴

1998年8月，史玉柱离开珠海，走上了一条艰难之路。

他头上有顶巨大的帽子摘不下来——20世纪90年代中国最著名的失败者。他耳边时常响起自己对债主们的许诺，5年时间内，把他们的钱全部归还；他又看到已经一年多没领过工资的这批留下来的员工，想到自己曾对他们说过的话：别难过，有我史玉柱在，你们的工资就在。

当时巨人的债务有两大块，一块是经营性债务，一块是老百姓买楼花的钱。对于经营性债务，史玉柱设想还是盘活巨人大厦来解决。老百姓买楼花的钱，只能从巨人之外的新事业产生的利润来弥补，毕竟巨人已经没有偿还能力了。因为这笔钱需要现金，这也正是他离开珠海的动因。

他带着一脸沉重，开着公司仅剩的一辆奔驰 500，还有一辆货车，悄悄地驶离珠海奔江阴而去。他把车开到江苏的时候，因为没钱加油，就地卖掉了那辆奔驰。

后来，作为当年第一批报道巨人危机的媒体之一——《羊城晚报》，其记者颇有些奇怪，为什么史玉柱没选择在哪跌倒就在哪爬起来？史玉柱对此的解释是："1997 年的时候，由于巨人大厦的危机，巨人集团实际上已经无法继续开展业务了，只有二次创业一条路可走。当时已经确定了脑白金的新项目，在选择试点城市的时候，我首先就排除了珠海，这个主要是心态上的原因，所以就选择了长江三角洲的江阴。"

"二次创业"，对史玉柱而言只有一个字，就是"苦"，甚至比 1989 年刚起步创业的时候还要苦。因为最初的苦是充满希望，不掺杂任何心理负担的。此时的苦，更多的是沉重的心理包袱。

在此之前，史玉柱曾经潜伏在南京，过了一段隐身生活。他时常到中山陵附近的一片树林子里看书，为自己补充管理知识。有人说他管理不行，他就偏要在这方面用劲。

他先后看了关于毛泽东第五次反围剿、长征和洪秀全等书，都是比较悲壮的，用一种近乎自虐的方式惩罚自己曾经犯过的错误。书中人物跌宕起伏的命运，跟眼下落魄的他颇为相似，这引起了他强烈的共鸣。

在一年之内，他每天早晨 10 点钟从宾馆出发，开着车往树林方向走，沿路买一杯饮料和两个面包充饥解渴。部下都被他派下去做市场了，他通过电话遥控指挥，等晚上快黑天了，他才开车回来，随便吃点大排档。

1998 年，他连买一张飞机票的钱都没有。

一次，他到无锡去办事，向副总借了 1000 元钱买飞机票。他取道上海直奔无锡，找了一间每晚 30 元的招待所，被这里的女服务员认了出来。她并没有嘲笑他，而是端了一盆水果送来，这让史玉柱在一贫如洗的日子里感受到了陌生却温暖的关爱。

对于这场"一失足成千古恨"的经历，史玉柱感慨良多，但他很庆幸自己摔了这样一个跟头。他说："（巨人大厦）盖起来是更糟糕的结果，我们以为自己做啥都能成。"甚至于，他觉得这一跤应该早些到来，"1995 年摔就更好了。"

因为没钱，他一直不敢用手机，直到 1999 年才买了一部手机，出差也不敢买软卧火车票，一直坐硬座。跟随他的铁杆部下们，很长一段时间没领到过工资，都暂时被他遣散了，最后主要管理者只剩下 4 个，坚定不移地跟着他走。

这 4 个人，史玉柱后来送给他们一个绰号——"四个火枪手"，他们分别是史玉柱大学时期的兄弟费拥军、陈国和两个女同胞刘伟、程晨。

患难见真情。出了事之后，史玉柱才知道谁是自己的铁哥们。费拥军因为跟着落难的史玉柱东奔西走，他的妻子颇有怨言。史玉柱知道兄弟不愿意离开妻子，就好心建议他说，要不让弟妹也到南方来上班？可后来费拥军和妻子谈了一次，妻子不同意到南方，他们便很快办理了离婚手续。

后来，有人问起费拥军追随史玉柱多年的原因，他的解释是：

"亲情……兄弟有难，不能抛下他不管……他不是为了一己私利背这个包袱的。"

显然，能深得费拥军之心，首先是史玉柱的人格魅力使然。史玉柱的敢作敢当打动了费拥军，并且费对史的情感还糅合着一丝钦佩的味道。他认为史玉柱很有商业天分，同样的事，他分析起来，跟一般人不一样，而且往往是对的。

这几个部下对史玉柱不薄，史玉柱对他们也有感情。后来，陈国因车祸不幸丧生，史玉柱连夜从兰州飞回上海，停掉全公司业务为陈国办丧事。从此，每年清明，史玉柱都会和公司高层一起去祭奠陈国。而且他规定高层都只许用 SUV，并禁止高层自驾出上海。

从这时起，史玉柱和他的"四个火枪手"开始着手运作一款全新的保健品品牌，也就是后来家喻户晓的脑白金。

脑白金营销的启动，走的是农村包围城市的道路。对于从城市做起还是从农村做起，史玉柱有自己的独到见解。在他眼里，北京、上海和南方各大城市由于经济发展水平高，消费者的购买力很强，所以很多保健品厂商一般先从这些地方做起。

不过，他却觉得大城市跟农村比起来，有优势也有劣势。在大城市启动市场，竞争对手过多，投入资金也太大。他当时手头没有那么多钱，只有 50 万，所以，他决定先从农村做起，而县城是农村市场的集合点，脑白金应该在县城启动。从县到市，采取逐步覆盖全国的战术，才能各个击破，形成薪火燎原之势。

故此，他选择了江阴这个县级市作为试点城市。

江阴位于江苏南部，消费者购买力较强，周围城市密集，与南京、上海的距离也很近，可以很好地做到农村和城市市场相衔接。

那50万元的启动资金，是史玉柱向一个朋友借来的。按他自己的话说："我以前借给过他500万，现在我向他借50万元，借期半年，他肯定借给我。"这50万元，他要派大用场。他先拿出5万元，给一直跟随他的30个亲信补发工资，以达到鼓舞士气、稳定军心的效果。15万元作为无锡一家公司生产脑白金的货款，留存15万元作预备款，剩下的15万元全部用于做江阴县的市场。

"江阴调查"，是史玉柱经常提起的一个名词，因为这是巨人东山再起的分水岭。那时的他，戴着墨镜走街串巷做调查。

在调查时，他不是很看重问卷，他认为只有跟消费者交谈，才能真正知道他们心里究竟想的是什么。

他问一个老人："你吃过保健品吗？""如果可以改善睡眠，你需要吗？""可以调理肠道、通便、对你有用吗？""可以增强精力呢？""价格如何如何，你愿不愿意使用它？"

一般情况下，老人们都会告诉他："你说的这种产品我想吃，但我舍不得买。我等着我儿子买呐！"

史玉柱便问他们："那你吃完保健品后一般怎么让你儿子买呢？"

老人们往往回答，他们不好意思直接告诉儿子，而是把空盒子放在显眼的地方让儿子看到。

走访了100多人之后，他又以脑白金技术员的身份搞了一个街道座谈会，发现产品反馈的效果特别好。有的老人在服用以后，说老年斑都褪了。史玉柱不禁重拾了当年的信心，准备甩开膀子大干一场。

史玉柱打开市场的方式是"大赠送"。

当时只有15万元流动资金的他，舍得把产品赠送给老百姓，可见其在搞市场营销时极其大胆。他先向社区的老人们免费发放，一共送了十几万元的产品。老人们吃完，拿着药盒子去药店买时却被告知没有。当消费者和药店都很迷惑之际，脑白金的广告出现在江阴的媒体上。配合免费赠送的举措，史玉柱迅速打开了江阴市场。

巨人的复苏，是愿意一直追随史玉柱的巨人老员工共同努力的结果。而史玉柱本人坚持依据实地调查说话，深入了解消费者所想，走近他们，对他们的消费心理和习惯做详细客观的调查分析，更是巨人起死回生的一剂良药。

脑白金的"烂俗"广告

随着越来越频繁地与消费者深入交谈，史玉柱体会到老年消费者的心理和消费习惯，感到其中大有名堂。后来，他便设计了那句被很多人讨厌但却非常有效的广告词：今年过节不收礼，收礼只收脑白金。

这句广告词曾被评为"十差广告"，被冠以"恶俗"的骂名，被很多人讨厌、质疑。有些人甚至写文章问：凭什么收礼只收脑白金？

后来有人评价说，这句广告词是不是让你听了之后会发疯？可是你越讨厌它，你就在不知不觉中记住了它，给你留下极深刻的印象，甚至一辈子都忘不了。

脑白金广告被网友评为"第一恶俗"广告，却为史玉柱创下上百亿的销售额。虽然业内人士屡屡骂其"毫无创意""一无是处""土得令人恶心"，然而很多人未必知道，脑白金的创意广告其实开发了几百个之多，但史玉柱一直没丢弃那句"今年过节不收礼，收礼只收脑白金"。

在连续多年被评为"十差广告"之后，史玉柱却看到"十佳广告"的得主们年年换，大多都倒闭了，只有脑白金始终销量不俗。

对于这则讨人嫌的广告，其实史玉柱也感觉对不起中国老百姓，但他不得不承认该广告在商业上的成功。因为这个广告刚播出几天，产品的销量就直线上升。后来，他和团队的成员研究，正因为观众讨厌，才给他们留下深刻的印象，因此他说："脑白金真正打开市场和这个广告密不可分。"

为什么此广告不停地被人骂，产品销量却一直很好呢？也许，它迎合了中国人爱面子、尊敬老人、追随大众潮流、求时尚、崇拜权威的心理，让人们一想起保健品，就自然而然地首先跟脑白金联系起来。送礼的人有面子，收礼的人也心满意足。

又有人说，脑白金的广告做了多少年，一直不变，一点创意都没有，而其实在营销学上，过于频繁地变换广告会破坏其说服力。故此，成功的广告不该轻易改变，否则就会犯严重错误。应该说，一成不变的广告反而成了脑白金出奇制胜的法宝。

另外，不断地重复播放，强化了脑白金在消费者脑海中的印象。

当然，并不是所有人都唱衰这则广告。有的人就认为，虽然它荣登中国十大恶俗广告之首，却没有请明星代言，也没有刻意在功效上做大肆宣传，所以，它是符合《食品安全法》规定的。

这则广告，也曾遭到过广电总局的批评，史玉柱马上将其改为"今年孝敬咱爸妈，送礼还送脑白金"。这样一来，它既满足了人们过节不知道送什么礼物给亲朋好友的需求，也符合子女向父母表示孝心，希望父母健康长寿的意愿。因此，这则广告可以说是既合法又创意绝妙。

当然，一则能够提高销量的广告出现，也并非偶然。

一开始做江阴市场时，史玉柱的营销策略是概念推广，通过新闻报道、小广告、健康常识等一切可以利用的渠道，向潜在消费者灌输脑白金的概念，当时自然没有那句"俗烂"的广告语。不过，"脑白金"概念，也给史玉柱带来了实际的收益：第一个月赚了15万，接着，他又把这15万和留存出来的15万预备资金一道，全部砸向无锡市场，在第二个月赚了100多万，接下来"攻占"常州、常熟、南京，很快，他全面启动了江苏市场。

当然，他从来没忘记还清巨额债务，同时觉得，以这样的速度赚钱有些太慢。于是，销售团队把褪黑素说成脑白金，说人的大脑里有个脑白金体，分泌出的物质就叫脑白金。而且延伸了脑白金的功效，说其与克隆技术并列为20世纪两大技术突破，每克脑白金的价格比黄金贵1031倍，等等。团队试图以大量软文和广告塑造脑白金强大的功能形象，以迅速扩大销量。

可是，这样做的结果，会在脑白金的销量达到一年两亿元规模的时候，顾客对其脱离实际功效的宣传产生不信任的感觉，致使销售额连月下滑。怎么办呢？既要扩大销量，又不能过分夸大宣传，史玉柱不禁想起了他在江阴做的调查。如此，"今年过节不收礼，收礼只收脑白金"的广告词横空出世，史玉柱如获至宝，积极实践，果然收到奇效，它强有力地助推了脑白金的销量。

当然，史玉柱并不是全年每个时期都铺天盖地打广告，他的广告档期是脉冲式的。每年只重点做两个时段，即春节和中秋节，春节做20天，中秋节做10天，加在一起一共30天，其余时间广告量很小。

这就是营销天才史玉柱的非凡之处，他会抓住最夺人眼球的地方，把自己想传达的意思直抵人心，这也促成了他二次创业的成功。

健特的 "使命"

1999 年 3 月，史玉柱在上海注册了健特生物制品有限公司。他没有把自己的名字写在经理人名单和出资人名单上，公开职务只是公司的策划总监，但健特内部员工都以老板称呼他，而且该公司所有高层都是他的老部下。因此，在最初时段，人们只知道有个被炒得沸沸扬扬的脑白金，却一直不知道，原来脑白金就是史玉柱做的。直到他在媒体面前亮相之后，人们才恍然大悟。

注册健特之后，脑白金在 2001 年的销售额超过 10 亿元，同年，史玉柱注册了上海巨人投资公司来控股上海健特。

上海健特的命运可谓一波三折。因为在 2001 年 5 月，史玉柱通过一系列运作，将其下属无锡健特 90％的股权卖给了上海华馨投资公司，并担任上海华馨的决策顾问。而后他通过上海华馨，将这部分资产卖给上市公司 ST 国货，后来更名为青岛健特，在 2001 年实现盈利以后，便又不再戴 ST 的帽子了。

ST 国货收购了上海华馨那 90％的无锡健特股权之后，股价迅速飙升，短短几个月就从 12 元涨到 25 元，成为 2002 年最具亮点的明星股，带着飘红的曲线和一路飞涨的股价，在低迷的股市上演了一个美丽的重组神话。

根据 ST 国货透露的资产重组方案，青岛市商业总公司是第一大股东，把持有的 3379.68 万国有法人股中的 2811 万股转让给上海华馨，并且把这部分股权委托华馨公司管理。华馨收购 ST 国货向其出售的部分资产，并购买 ST 所拥有的无锡健特 90％的股份。而无锡健特的主要产品就是脑白金。

无锡健特的销售毛利达到百分之七八十，做为其大股东，健特生物的业绩也突飞猛进，一路走高。2002 年，健特生物以每股 0.62 元的收益进入绩优股行列。

有人曾对青岛健特生物、无锡健特、上海健特和巨人公司之间错综复杂的关系做过分析，表明这些公司后面有一只"无形的手"在操控。虽然没有任何公开的资料能表明他们之间存在产权关系，但人们还是情不自禁地会产生一些联想。

2000 年 3 月，上海健特联合黄山康奇一起收购了无锡华弘集团药业有限公司，改名为无锡健特，专门从事脑白金的生产。上海健特持股 60％，黄山康奇持股 40％，所以，脑白金帝国是由两个健特、一个巨人和一个康奇组成的。脑白金的商标注册人是巨人，生产许可证归珠海康奇所有，生产厂家是无锡健特，全国总经销商则是上海健特。

看起来是不是有点迷糊？总之，后来和史玉柱有直接关系的上海健特彻底退出无锡健特，无锡健特变成了上市公司青岛健特生物和上海华馨的了，这两家公司跟史玉柱没有任何关系。

史玉柱为什么要隐身？一提起幕后操纵，人们往往把它归于负面。不过，史玉柱这一步棋，完全没有恶意，他只是对媒体心有余悸而已。他曾说过："巨人陷入困境，巨人倒下的根源在我本人，不在媒体。但媒体的作用很坏。本来我病了，不至于休克，还能活一段时间，甚至还能复苏。但媒体把我搞休克了。如果媒体晚搞我们2～3个月，我们不会死，本来也是有机会的。"

巨人大厦事件，给史玉柱上了生动的一课，其中重要的一条就是教会他应该回避媒体。他以自己的隐形作为应付危机、对付媒体的利器。他改变了当初那个黑框眼镜，一头乌黑浓密短发的造型，不再戴眼镜，头发也剃得光光的，脸上的表情已没有了知识分子的严肃和正统。

他变了，是害怕了，也变得"狡猾"了。他想做大事，又不想再次成为媒体的靶子，所以只有把自己隐遁起来，倏忽即逝，才能在漫天横飞的质疑声和猜测声中屹立不倒。

有人说史玉柱在作秀，也有人说他在套现，然而，他始终一言不发，他已经学会了对媒体保持沉默。

在某种程度上看，的确就如史玉柱所说的那样，巨人大厦的倾颓，媒体起了推波助澜的作用。而且在2001年，还出现了媒体对脑白金的"蓄意中伤"，因而要说史玉柱对媒体还有什么好感，那几乎是不可能了。即使他借助媒体大肆炒作，也仍然对媒体的追踪刻意回避，若即若离。

后来，当史玉柱把他持有的上海华馨投资有限公司股权卖给中国泛海集团有限公司董事长卢志强后，人们才发现，他已经从健特生物全身而退，彻底和保健品说拜拜了，一心一意地玩起了游戏。

至此，健特生物的使命大功告成，失去了它在史玉柱创业历程中的价值。不过，健特在卢志强手中还是有用的。有专家指出，卢志强很可能把自己旗下的金融资产注入健特生物，借壳上市，为打造自己的金融集团做准备。

恶俗，更方便记忆

脑白金，见证了史玉柱东山再起的过程。

二次创业的经历跟"蹦极"略有不同，从脑白金销售额的逐渐攀升就能看出来。1997年的全年销售额是30万～40万，1998年1月是15万，2月30万，3月45万，接着60万，80万，100万，300万，500万……1999年月销售额达到800万～1000万，12月突破了1亿大关，当月利润已高达3000万元。

脑白金，让史玉柱重新崛起了！直到2002年上半年，史玉柱除了脑白金，都没推第二款产品。他把力量聚集起来，再不想犯"三大战役"时顾此失彼的错误。他聚焦在长三角的无锡江阴。后来就连打脑白金那则著名的广告，都是严格遵循了这样一个聚焦原则，即广告只能有一个诉求。

通过聚焦法，史玉柱成功地反败为胜！

当记者问道"脑白金真的这么赚钱"的问题时，史玉柱回答说："药品、保健品这类产品有三个成功的因素，少一个都不行。第一个因素是产品好不好。首先是理论上主流的观点是不是站得住脚。就连维生素也有个别专家说它不好，但关键要看主流观点。其次是要看消费者服用之后能不能立刻感觉到效果。否则，形成不了好的口碑，你就会很累，对广告尤其是功效广告特别依赖，即使打一段时间广告也赚不到钱。第二个因素就是要有好的策划方案。中国好的产品很多，并没有做成功，这就和策划方案有关了。第三个因素是方案要有好的团队去实施。"

脑白金的迅速启动和创造出十几亿元销售奇迹这一事实，令其被誉为营销界的成功案例。"广告密集轰炸"的产品定位及一系列营销策略，也被定义为"脑白金式营销"。

在广告中，老头、老太太蹦蹦哒哒载歌载舞，虽然经常换行头，但熟悉的广告语一成不变，直至衍生出卡通老人的孝敬篇、超市篇、群舞篇、草裙篇、牛仔篇和踢踏舞篇……

"恶俗"这个词，自从有了大众对脑白金广告的认知之后，终于找到了最合适的修饰对象。

面对有人对脑白金"广告暴力"的提法，史玉柱说："一个面向千家万户的产品，要想家喻户晓，你说还有什么比广告更快？我想象不出还有什么更好的方法。"

史玉柱在总结脑白金营销心路历程时表示，实地调研，了解消费者的心理是最重要的。他在带领团队跟老人们聊天过程中发现，中国老头、老太太对自己最抠，对孙子却很大方。他们存钱是为了养老，如果花钱却不会花给自己，都想花在孙子、孙女身上。

史玉柱根据老人们这个特点，让几十个员工想出了几百个方案，最后选中了一个员工的提案，经过修改就变成一句很容易记的"今年过节不收礼，收礼还收脑白金"。其实，这句话是病句，因为前后矛盾。但史玉柱认为，病句最容易被人们记住，而且这句广告词对"礼"这个字有重复。"送礼"，就是他对老头、老太太的子女们要说的话。

而这个广告语要打10年不变的策略，也是从一开始就敲定的。史玉柱说，广告最怕变，因为你一变，前面的积累就丢了。

不出他和团队成员所料，脑白金广告打到第5年的时候，一提起送礼，消费者脑子里就不自觉地跟脑白金画起了等号。这在他实地考察时也得到了验证。他用的方法是观察法：他在中安商场里面蹲着，观察消费者购买情况。

当时已经快到春节了，一些民工回家过年时要给家人带点东西。史玉柱看到有个男子在商场转悠来转悠去，最后拿起一盒脑白金，付款走人。

史玉柱走过去跟他聊天。面对史玉柱的疑问，这个顾客的第一句话就是，买过年的礼品好像挺难挑的，挑了半天都挑不出一个好的。我很烦脑白金的广告，但是真的挑起礼品来，好像就它的知名度高一点，然后我就不得不买了。

由此，史玉柱得出的结论是：广告是对消费者大脑的持续性投资。新广告当然对消费者也有作用，但是当他去购买时，过去的宣传比这一天或者这个礼拜他看到的广告作用大得多。故而，广告很怕打一段时间就换，尤其是半年就换掉，那样以前的积累就没了，钱也全浪费掉了。总而言之，广告语能不变就尽量不变。

脑白金的功效市场，可以比较稳定地为史玉柱每年赚取 5 亿元左右的销售额，送礼市场的波动性却很大，需要一些广告策略。他曾了解到，为脑白金拍摄的所有漂亮广告播出后都没有什么效果，所以都停播了。后来验证，效果最好的广告，恰恰是最开始用非常少的钱拍摄的质量很差、很难看的广告，只能在县级或市级台播放的那种，省台都不让播。但是，这个广告对销量的助力实在很大。

史玉柱对此的解释是，无论观众对这个广告喜欢与否，首先要做到让他们印象深刻。如果一个广告又好又能让他们记住，那当然最好。但是，一开始做脑白金的时候没有钱，也就没有能力拍摄好的广告，也就只能让观众记住"坏"的了。

他又说，观众虽然看电视的时候很讨厌这个广告，但买东西的时候却不是这样。他们面对柜台上琳琅满目的保健品，选择基本都是下意识做出的，就是那些给他们留下深刻印象的产品。

难怪一本英文杂志这样评价史玉柱：他最大的本事是销售一些不值钱的玩意儿，同时挣得盆钵满盈。

网友评价史玉柱对脑白金的成功营销时说，他充分了解中国国情，要不然脑白金怎么走不出去呢？

脑白金，也许做不成一个跨国公司的产品，但史玉柱从不承认脑白金广告是垃圾广告。毕竟，提倡尊敬老人，关心爸妈，用送保健品的方式表达子女对老人的孝心，还是很有人情味的。

就这样，脑白金的销售人员发现"送礼篇"广告效果最好后，要求多播放这个广告，使其成为脑白金广告的主流，把一款保健品塑造成礼品明星，避免了同行的跟进。

礼品消费的价值体现在收礼的一瞬间，而不是体现在消费、使用产品的过程中，所以，脑白金的礼品定位走了一条比功能诉求广告有效得多的捷径。

直到2011年，巨人集团还为脑白金这款产品在央视投了1.7亿元的标，属于保健品行业的领头羊。而2012年的投标额比2010和2011年都有所降低，谈及原因，脑白金业务的负责人程晨说，脑白金已进入成熟期，所以才会适度调整投标额。

2012年，是脑白金第15次中标央视的黄金资源广告招标活动。脑白金的投标史跟央视招标史几乎重叠，是一棵不老松。

外界纷纷对脑白金广告的投标活动提出疑问，有人猜测广告中的主人公会换什么衣服，会穿多了还是穿少了。程晨回应：营销策略中，一旦有定位，就要反反复复地去重复这个定位，才能达到品牌建设的目的。因此，脑白金广告还像往常一样，也是老头、老太太。他们确实换衣服了，而且服装相当劲爆。

程晨说："年年都被称为恶俗广告。但这是我的考核条件，老板说如果进不了十大恶俗广告的排名，我奖金的60％就被扣除了。十大恶俗广告里面基本上都是畅销品牌，非常暴利。"

对于外界的质疑，史玉柱以同样的方式回应。他说，"脑白金最大的支出是广告，虽然广告肯定做得是最成功的，但成本比一些大企业要少2/3还多。虽然媒体一直批判脑白金的广告，而且每年都预测称，按照这个做法，脑白金一年就会不行了，两年就彻底完了。他们的预测做了5年，可脑白金并没有完。"说完这话，史玉柱下意识地笑了笑。

面对史玉柱的"死而复生"，有人感慨，中国虽没有乔布斯，但美国也没有史玉柱。

跨过阴霾

从50万元起步做到年销量12亿，从江阴无锡试销到产品遍布全国各大超市、大药店，脑白金只用了2年的时间就做到了这一切。继三株、太阳神、红桃K之后，脑白金一度成为中国保健品营销的奇迹。这其中，脑白金的现款进货政策功不可没。

做脑白金必须现款拿货，而经销商的利润空间一度被压低到1％。如此苛刻的条件已经让脑白金在一些经销商眼里成为鸡肋，那么为什么史玉柱及其团队要实行这样严苛的政策？

当初，巨人总部和子公司之间的信息沟通缺乏效率，总部逐渐失去了对下属分公司的控制，子公司得以虚报或隐瞒财务指标。产品被子公司低价抛售，已结账的应收账款很多，却仍然挂在账面上。最后的局面就是，公司巨额财产被子公司瓜分，可见公司治理的混乱是巨人倒台的原因之一。

此时，史玉柱吸取了以往的教训，要求零售商百分百现款进货。当药店有意进脑白金时，史玉柱便提出货到付款的要求，决不再赊账经营。

现金流量是企业的血液，关乎到企业是否能良好运转。现金流的通畅，对企业的财务健康至关重要。史玉柱在这方面严格把关，所以脑白金的现金流量一直很充足，这也保障了企业的良性运转。

当然，想要完美推行这一苛刻的原则，需要两个条件，一是产品必须好卖，要是能达到供不应求的程度就最好了。这一条，史玉柱通过广告宣传已经基本达到；二是产品需要有良好的利润回报。脑白金的利润率还是比较高的。故此，有了这两个条件作为依托，史玉柱才敢不买零售商的"账"。

要求零售商现款进货，对脑白金的销售大有裨益。生意人都知道，如果是自己掏钱进的货，销售的时候也会非常卖力，把产品放在柜台最好的位置。因为零售商想早点把本金收回来。如果让他们代销某种产品，他们可就没有这样的动力了。

在市场管理方面，史玉柱不再放权给下面分支机构收货款。脑白金扩张到全国市场时，基本都是拷贝第一个市场的模式，但是有一条必须遵守，就是金钱往来一定得通过总部来完成。分公司只负责销售产品，钱必须由总部来收，就算付款，也必须由总部批准，然后总部付款。通过这样的方式，脑白金的销售没有出现意想不到和不必要的情况。毕竟"人为财死，鸟为食亡"，要想不重蹈当初巨人集团的覆辙，必须阻止下面的人参与货款的收取。以这种方式，史玉柱实现了直接管理金钱的目的。

巨人大厦血一般的教训，让史玉柱学到了生意场上的真经。巨人大厦时的情形是，巨人集团像很多企业一样，为鼓励经销商与集团长期合作，都会压一批货款，等第一批卖完了需要进第二批的时候，再把第一批的货款结清。这等于是给经销商提供的优惠。如果企业可以一直经营下去，这个过程也就会无休止的循环。

然而事与愿违，巨人危机爆发后，全国经销商都不向巨人付款了，分公司经理也纷纷携款潜逃。

为了避免这种极端情况发生，史玉柱制定了"721原则"：用70%的精力给消费者提供服务，20%的精力用来做终端，只用10%的精力来处理和经销商之间的关系。他重视消费者的感受，也看透了经销商。

营销人员也不得碰钱，所有分销商都向总部进货，所有零售商只向分销商进货，现货现款。而营销人员只要各司其责即可，他们亦有严格的职责划分，无非是客户服务、市场开拓和终端拉动。营销人员不直接管钱，这使得健特在财务方面不存在隐患。

事实上，人们都觉得脑白金的广告多到讨人厌，其实这也与现款进货有关。史玉柱知道，与其把货款压在经销商那里，不如拿出来多做广告，这样的话，消费者才能买你的帐，产品也才会好卖，否则经销商凭什么现款进货呢？显然，对于经营而言，这是个良性循环。

在一个新市场启动之前，史玉柱通常会给脑白金举行大规模的免费赠送活动。赠送的产品吃完之后，一些消费者还想接着服用，就会到药店问。如此形成的消费者主动找产品的效果，会迫使经销商去寻找厂家。这时，脑白金广告开始频繁播放，现款进货也就不难做到了。形成了良性循环之后，这种模式同厂家向渠道商推销、渠道商再推向市场的方式正好相反。

另外，赠送活动还有利于造势，形成声势浩大的宣传效应，而且花的钱也比一般的广告少得多，作用却更大。因为免费赠送直接面对消费者，可以有力地拉动终端消费者的购买欲望。

史玉柱在 1998 年刚起步时，曾跟经销商洽谈，提出一手交钱一手交货，可那时候没有几个经销商能接受自己去承担压货的风险。史玉柱并不气馁，他一边跟经销商交涉，一边不停地展开广告攻势，一批一批地，把 10 多万元的产品都赠出去了。

后来，慢慢地就有很多老人拿着空盒子到药店去问，越问不到，他们打听得越起劲。这样一来，倒让药店犯了愁，为什么脑白金只见空盒不见经销商上门呢？渐渐地，经销商付款进货的局面打开了。

史玉柱把一款保健品打造成一件妇孺皆知的礼品，这在中国保健品销售史上绝无仅有。正因如此，脑白金跟一般的保健品不同，似乎能在成熟期过后不致衰落，仍然保有相当的品牌价值，成为一款有形的实物产品，具有超出保健品一般功能诉求之外的商品价值，以及礼品和孝心等永不过时的符号意义。

脑白金的长盛不衰并不是一帆风顺的，中间经历了太多的波折和困境。有一篇名为《脑白金真相调查》的文章非常有名，其文的

"始作俑者"还曾撰文讲述他相关文章发表的过程。

这篇文章是在 2003 年 "3.15" 之际在《南方周末》头版头条发表的，作者说，本来"真相"在 2002 年就要被揭露。2001 年 2 月时，南方一个大报纸的相关文章就已准备就绪。可是"由于各种原因"，稿子被压了下来，否则史玉柱就真是"咸鱼翻不了身了"。

这位作者于 2001 年开始在网上发表所谓的"揭露脑白金"的文章，并且"查阅了大量的法律文件与医学资料"。后来《南方周末》的编辑在新语丝网上看到了他写的《从脑黄金到脑白金》，才向他约稿。

此人对"揭露"脑白金似乎乐此不疲，究竟是出于何种目的不得而知。他声称发现了一个两次服用脑白金都有不适感的消费者，还核对了大量资料，又写成一篇《我所知道的脑白金真相》。这下把《南方周末》报的兴趣挑起来了，他们很重视，还特地派了两名记者做了涉及国内外相关人士的大量采访，这才有了《脑白金真相调查》的出炉。

一名消费者的严重不适并不代表全部，因为每一种药品、保健品甚至食品，都会有对其过敏的特例出现。比如有人对牛奶过敏，有人对治疗过敏的硫磺都过敏。把一名消费者的特殊情况拿出来说事，似乎说服力不强。但对于《脑白金真相调查》一文中所提及的内容，史玉柱也并没有否认，甚至还承认"基本属实"。

文章发表后，一石激起千层浪，《中国青年报》《人民日报》等纷纷发表文章进行谴责，网民们也被煽动起来。然而，这位初始发动者对此并不满足，他对史玉柱哀叹的"黑色的三月"根本不满意，表示报社没有用他的一些"重要"材料，比如脑白金名称和商标的违法问题，脑白金对性腺的抑制作用等。他认为，这是由于报社过于慎重导致的，但他为何不说是由于报社没找到有力的证据证明这些材料呢？

质疑与效果

事实上，人们对于脑白金的质疑，是围绕"褪黑素"展开的。

在《南方周末》的《脑白金真相调查》中，首先阐明了"脑白金"是什么的问题。该文引用脑白金说明书中的话：人体的司令部是大脑，大脑的总司令部是大脑中央的 Pinealgland（部分说明书称为"脑白金体"）。其分泌物为脑白金，它控制着人体的衰老程度。

攻击脑白金的人发出这样的疑问，大脑中是否真的有"脑白金"和"脑白金体"？然后笔锋一转，说到目前为止找不到任何正规的学术文献证实确实存在这两样东西，它们只是大脑中"松果体"和其分泌的"褪黑素"的对应物。

也就是说，脑白金是史玉柱和健特公司给松果体和褪黑素取的别名。

可以说，史玉柱打了一个擦边球，因为《脑白金真相调查》说了一大堆，还是没有提出有利的证据证明脑白金的确产生了一定的毒副作用，或者脑白金一点安眠的成分都没有。

但有一点必须承认，在保健品的销售过程中，由于总部施压，下面分支机构的销售人员为了保证销量，的确会授意：说明书和广告词打得越吸引人越好。

反对脑白金的人提出了自己的证据，而史玉柱打造脑白金，也是有他的证据的——即一本名为《褪黑激素的奇迹》的书。这本书，甚至在记者采访他的时候，还在他手边放着，堪称是脑白金的"经典"。这本书本来是美国人写的，后被台湾人翻译，辗转到了史玉柱手里。

这本书的作者之一，是医学及哲学博士华特·皮尔鲍尔利。他做过一项实验，给10只老年鼠和10只小鼠做了显微镜外科手术，把它们的松果体互换。过了一段时间，老年鼠变得活力十足，皮毛有光泽，还厚实。而小鼠却垂垂老矣，步履蹒跚，患上了白内障。尸体解剖结果显示：小鼠的胸腺全部萎缩，而老年鼠的部分胸腺却从萎缩状态恢复了。

从这本书的内容出发，可以判断，褪黑素对哺乳动物，包括对人类的作用只是一个学术争论的话题，孰是孰非尚无定论。

1995年8月7日，美国《新闻周刊》做了这样一个报道，说皮尔鲍尔利与佛吉尼亚州立大学医学院教授威廉·瑞杰森的著作即将出版。两位作者说，衰老虽然和年龄有关，却是一条下降的螺旋线，衰老并不是随着年龄增长必然发生的。若想让这条螺旋线停止，可以通过服用褪黑素达到目的。

这一说法，在美国曾经掀起一股热潮，可同中国的"徐福神药"相媲美。

《褪黑激素的奇迹》这本书，在美国曾出现过3个月销售10万册的记录，其有8种语言的译本，而且在《纽约时代》图书排行榜列位列第3位。由此，保健食品店里的褪黑素，也被人们很快抢购一空。

这时，是1995年前后。换句话说，美国兴起褪黑素热潮的时候，正是史玉柱听从美国专家和投行的意见，在中国大刀阔斧地搞"生命科技"产品的时期。后来由于巨人大厦的停工而被迫中止，一直拖到 1999 年。

可以看出，当时无论在中国还是在美国，人们对于"长生不老"的热切渴望都曾经造成过一些狂热的现象，在迷信"科学实验"的美国，甚至比起中国来有过之而无不及。如此说来，史玉柱搞保健品，也是有充分证据和理由的。大可以说他跟反对脑白金的人有不同的认识，故而，脑白金还是不能被彻底颠覆。

而后，《脑白金真相调查》开始攻击《褪黑激素的奇迹》，说这本书被评价为不严谨、充满狂想，甚至在学界还被称为"最肆无忌惮"的通俗医学作品。作者瑞杰森被迫出面做了澄清，称他写这本书的目的是为了让医药公司不在褪黑素研究上拖他们的后腿。因为想申请一种天然物质的专利是很难做到的。他说："我已经 70 岁，不能再等下去。"

可见，这位老作者的真正意图是通过写这本书，激发公众对褪黑素作用的浓厚兴趣，以便医药公司可以给他们的研究继续投入足够的经费，支持他们把褪黑素的问题继续研究明白，搞清楚。

《脑白金真相调查》里说，这本书是在史玉柱败北之后，才被他捡起来并奉为圭臬的。其实，史玉柱在做脑白金之前，早已做了一段时间脑黄金，原理是类似的。显而易见，他的确是在那次美国之行后得到的启发，便开始着手从事生命科学产品的推广，并不是由于巨人集团的倒台让其迫切地只想赚钱。后来，他在珠海"折戟沉沙铁未销"，也有前面脑黄金的销售经验做铺垫。

而他给产品起的名字"脑白金"，也可认定为是一个褪黑素的形象代称，只是为了增加产品被消费者记住的机会。至于说明书中的"脑白金体"及其分泌的脑白金，也可认为是向中国消费者形象地解释这个科学道理。

总之，褪黑素并不一定像调查中所说，是史玉柱打翻身仗的救命稻草，而是他很早以前就信奉并实践了的商业构想。

据《脑白金真相调查》说，褪黑素热后来在美国也降温了，因为人们对其功效开始有了质疑。之后，《科学美国人》这本科普杂志曾经总结过褪黑素热，认为这是"新闻炒作"。麻省理工学院的伍尔特曼博士的话被引用作为佐证：微弱的证据可以证明褪黑素能延长老鼠的寿命，但不能证明它对人的寿命期望值有任何影响。这位教授是一项褪黑素用于控制睡眠的专利发明人。

难怪史玉柱后来承认该调查所说情况基本属实。既然伍尔特曼教授是有褪黑素控制睡眠的专利的，那么主要成分是褪黑素的脑白金，对控制人的睡眠的作用，就有美国专利作为依据了。

质疑者对脑白金最直观的反感，其实聚焦于成天在各大电视台上轮番播出的铺天盖地的脑白金广告。那时，脑白金广告的密度堪称中国广告之最。只要一打开电视，就会蹦出两三个人来，在那里反反复复地念叨"今年过节不收礼，收礼只收脑白金"。他们倒是看出了脑白金的广告诉求，即：送礼；脑白金；脑白金；送礼……如此循环往复，以致无穷。

这样大肆吆喝的目的是什么？无非为了卖出产品。那么，史玉柱认为自己能吆喝多久？其实他一点没高估自己，也没高估脑白金。

2001 年，《中国青年报》有一位记者对史玉柱进行过一次专访，其中涉及保健品和脑白金的相关内容。后来，刘伟给这个记者打电话，两人争得面红耳赤，差点翻了脸，原因是刘伟坚持文章中决不能提到"脑白金"三个字。也即是说，当时史玉柱可能早已料到，让大家过早地知道他跟脑白金之间的关系，恐怕就会踏入一个雷区。

当时那位记者问他，脑白金可以让你走多远，挺多久？

史玉柱答道：我觉得脑白金能让我走 12 个月，12 个月后再倒下来。结果过了一年之后，《脑白金真相调查》出炉了。这位《中国青年报》记者不禁感慨史玉柱的一语成谶。

其实，史玉柱在该调查没有见报之前，去过《南方周末》报社，跟有关人员进行了沟通。他当然还是希望报社不要报道这篇文章的，因为这意味着，他会像巨人以前那样，跌入人生第二个谷底。然而，他没有达到目的，茫然地走出报社大门。后来，调查被登报之后，文章下面有一则《来自史玉柱的新信息》，就是史玉柱和他们沟通时说的话。他们居然把这些话摘录了下来。

史玉柱不是通过审稿知道这件事的，而是《南方周末》在见报之前告诉了他。如此，他通过见面的方式跟他们做了解释沟通，对自己认为不实的观点进行了反驳。而报社也确实采纳了一些他们的观点，对于跟事实有出入，而史玉柱又能拿出证据的地方，他们也做了修改。据此，史玉柱认为他们还是比较负责任的媒体。

他向记者表明，他坚信在保健品当中，脑白金效果的显著性肯定是排在前几位的。他希望通过脑白金和几家产品确实不错的公司，在公众面前改善保健品的形象，而且相信总有一天他们能达到这个目的。

他说："我们产品不是刚上市，如果是刚上市，这样的事情对我们是致命的。可现在我们对这个事儿看得比较淡，任何一个事儿有争议都很正常，关键还是事实。我们有几十万个稳定的消费群，我们直接服务到他们，我们的人可以直接和他们面对面，把真相告诉他们，我们可以拿出证据，所以我们不是特别在乎它这个报道，我现在心态倒很平静。"

他告诉记者，这件事情敦促他们要更规范，做得比其他企业更完善。记者立刻问他：你又觉得被盯上了？他并不否认，而且说，被瞄上总不是好事。但是消费者最信的就是口碑。我们打的是效果牌，报纸和电视广告只能让他们注意这个产品，而效果能让脑白金稳定下去。

有人曾认为，史玉柱迟早会"金蝉脱壳"，这次只是没来得及抓住这个机会而已。对此，史玉柱反驳说，脑白金的势头还在上升，如果记者在他的位置上也不会放弃它。5年后，它一直在上升，销售额超过10亿还在缓缓上升，没有掉下来。而且，即使掉下一半，规模在保健品里还是前5名。

在史玉柱看来，售卖一段时间销量就下滑的保健品，往往都是效果不明显的产品，好的产品则不然，生命周期都是比较长的。比如昂立销售了10年还是很稳定，不升但也不降。太太口服液卖了十几个年头了，也很稳定。青春宝卖了20年还创下历史新高。因此他对保健品很看好，虽然以后公司并不会局限在这上面。

的确，他曾经想放弃过脑白金，但直到2012年，他还到央视给脑白金广告投标。也许，他就是想把这款保健品一直坚持到最后，证明给大家看。

不管是"褪黑素"，还是"送礼"广告，史玉柱借由这些吆喝想要达到的目的，只有售卖产品。很明显，他得偿所望了。

黄金搭档

　　也许正是由于公众的质疑，以及被人"瞄上了"的事实，令史玉柱意识到脑白金在学术领域存在的争议。故此，他才开始了对"黄金搭档"的经营。

　　"黄金搭档"，据说是由瑞士罗氏维生素公司、中国营养学会、上海黄金搭档生物科技有限公司合作生产的。这款产品的原理，是把矿物质添加到复合维生素里，因此被命名为"黄金搭档"。

　　"中老年人缺乏钙、铁、锌、硒、维生素会怎样……中国营养学会推出权威解决方案——黄金搭档……"在中央电视台最佳广告时段，黄金搭档的广告紧随脑白金广告之后播出。黄金搭档的广告语用词都能被大众广泛接受，且耳熟能详，几乎没有任何争议，在宣传过程中，可以让"找麻烦"的人无隙可乘。

　　史玉柱曾经说过："营销没有老师，如果有，消费者就是唯一的老师。"黄金搭档的市场营销，正是这一思想的具体体现。

　　黄金搭档刚推出时，中国维生素市场只有6亿元的销售额，很显然，消费者的需求还没有被激发出来。

　　黄金搭档的广告词，说明了人体缺乏维生素时会产生的各种症状，然后告诉消费者，中国营养学会已经研制成功这些症状的解决方案——黄金搭档。从而，为培育维生素需求市场做出了卓有成效的努力。

　　黄金搭档的销售额在一年之内达到了6.2亿元，超过中国整个维生素市场以前的总量。

但在销售过程中，黄金搭档也遇到了诸多宣传障碍。黄金搭档的试销城市，大多禁止使用大模拟盒、宣传画和柜台牌等广告手段，而且黄金搭档的电视广告等于花钱给其他品牌的维生素做了附带的宣传推广。

黄金搭档反复强调"补充维生素"的作用，把药店维生素的销量都提高了，这真是为他人做嫁衣裳。由黄金搭档引领的有力媒体宣传和科普教育，使整个维生素系列产品的销量逐渐攀升，可黄金搭档本身的销量却不很尽如人意，呈现缓慢增长的态势，无法跟脑白金当年的情形相比。

不过，黄金搭档还是体现了史玉柱的营销本领。在成长阶段，黄金搭档以竞争对手的弱项作为切入点，试图拉取竞争品牌的忠实客户，从竞争品牌手中抢客户。这虽然很难办到，但黄金搭档做到了。因为维生素类产品的功能诉求和成分不像脑白金那样超前和独树一帜，所以黄金搭档只能靠抢夺其他品牌的客户扩大市场份额。

"维生素保健康，吃之前看配方，中国人磷铜已超标，铜过量伤肝脏，安全可靠是黄金搭档。黄金搭档不含磷铜。"

这些广告词点出了普通维生素产品配方、成分同黄金搭档的差距，差异化竞争策略应用得十分明显。它也没有再提"送礼"的问题，也没有给人以"烦人"的印象，更没有像脑白金那样让国人感到新奇，却存在诸多争议的提法。当然，它也没有了令人因讨厌、闹心而产生的深刻印象。

同脑白金广告进行对比后会发现，黄金搭档看似十分"正统"的广告策略在宣传效果方面有些疲软乏力。这在消费者头脑中留下的印象过于模糊了。

　　好在有脑白金之前的成功宣传做基础，加之黄金搭档这个产品名称有意与脑白金挂钩，让人一听便联想到脑白金，联想到"送礼"和孝敬爸妈，因此在很多人的印象里，黄金搭档就像是脑白金厂家为脑白金量身打造的"副产品"，甚至在一些人的观念里，黄金搭档需要跟脑白金搭配一起吃，是脑白金的"效果强化剂"。

　　黄金搭档，是健特继脑白金之后推出的第二款产品。从一开始，史玉柱就向市场营销团队灌输了他的危机感。他表示：第二款产品按行规来讲是注定要失败的，而我们需要做的，是采取措施避免失败。这种危机意识使营销团队快速进入紧急状态，一天工作15个小时，一周工作满7天，大有背水一战的意味。正是这种置之死地而后生的心态，使黄金搭档成了一款成功的"第二款产品"。后来，在做网络游戏行业的时候，史玉柱也明确提醒团队，第二款游戏还是要拿出做黄金搭档时的劲头。

　　为了突出本身的特点，形成差异化竞争优势，黄金搭档在成为市场领先品牌之后，为巩固自己现有的地位建立新的市场标准，以防御竞争产品对其市场份额的侵蚀，在广告功能诉求上，把黄金搭档显著的产品优势同消费者需求相结合，广告语也是花样翻新。

　　"黄金搭档，花一样钱补五样，吃黄金搭档相当于同时吃维生素、钙片，补锌的、补钙的、补铁的、补硒的。"

　　维生素和矿物质虽然不存在什么争议，但市场同类产品繁多。以上例举的广告正是为了突出黄金搭档的优势和特点，强调它不含对人体有害的磷铜等配方，而且可以同时补充多种维生素、钙和矿物质。如此，让消费者感到自己的确是花一样的钱达到同时补充所有这些营养物质的需求，让他们感受到黄金搭档的实惠。

不过，这样的广告词还是做不到像"今年过节不收礼，收礼只收脑白金"那样"讨人嫌"的效果和让人很气愤的心理反应。故此，如果不是有脑白金之前的广告营销垫底，黄金搭档的广告词只能用不温不火、平淡无奇来形容。

功效市场依赖产品市场去带动，这是经脑白金营销实践验证过的。70%～80%的保健品市场销量来源于礼品市场，正如史玉柱所说，消费者盲目地挑选节日礼品，往往是脑子里想到什么就买什么。脑白金正是迎合了消费者挑选礼品时想省劲的需求，才取得巨大的商业成功。

《脑白金真相调查》里关于礼品方面的反对之声毕竟凤毛麟角，主要是对功能诉求方面发出质疑。因而，黄金搭档既然在功能诉求上良性无争议，就没有道理阻止该产品在礼品市场的宣传力度。基于此，黄金搭档又开始做起了这样的广告："黄金搭档送爷爷、送奶奶、送阿姨、送小弟……"这回不仅仅是孝敬爸妈了，谁都需要补充维生素。

史玉柱在做黄金搭档之前，可能是被媒体和一些别有用心的人整怕了，在2002年11月24日的时候，曾经提出过一个商标使用权转让公告。做了3年的脑白金，就像健特生物的孩子一样。史玉柱既然有心卖掉这个产品，足见他对之前失败经历的忌惮程度。他是怕这次自己又站得太高了，还会跌得更狠。毕竟，不能否认的是，有很多人在等着看他的笑话。

为了让批评之声趋于平静，也为了让反对者闭嘴，史玉柱将旗下的黄山亘兴和上海健特退出脑白金的销售和生产，并且把脑白金的部分新技术和商标使用权估价1.46亿元转让给无锡健特，即青岛健特生物的子公司。

这些关系可能有点绕，但是跟史玉柱"捣腾资本"时的情况比起来，实在是小巫见大巫。通过这样的转让，他和无锡健特、青岛健特基本划清了界限。

听到这个消息之后，大家都说，史玉柱终于干净利索地"甩掉"脑白金了。

事实上，在2001年脑白金还在热销时，史玉柱就已经开始暗中推广黄金搭档了。第一轮试销的城市有吉林、漳州、威海、襄樊和绵阳。次年8月，史玉柱把黄金搭档的试销点集中在上海市和华东五省——浙江、江苏、山东、福建和安徽。第二轮试销随即如火如荼地展开了。

但是一年半时间过去了，同一个策划销售团队，却没有创造出跟脑白金同样的热销场面。

当时维生素市场比较有名的品牌包括21金维他、金施尔康、维存、善存、成长快乐（养生堂推出）、宝力维（恒寿堂推出）。

在中国保健品市场上，维生素以其站得住脚的功能诉求，成为主导市场未来竞争的热点。人们对大肆宣传的功效神奇的保健品已越来越缺乏信任，但维生素的概念自来就深入人心，补充维生素是身体健康必须的概念也是人人知悉的。

故而，史玉柱选择维生素市场来做，也是慎重考虑的结果。

美国的维生素产品占据保健品销售总额的2/3，而在中国，维生素虽是老产品，存在多年却一直没有做大，始终很被动。

市场的大环境，也使得后来者黄金搭档在销售方面的难题颇多。其中一点是，虽然包装跟脑白金一样是蓝色的，而且同时推出中老年、女士、儿童青少年三种包装，但这种分类还是难以像脑白金那样把所有类型的消费者一网打尽。甚至于，宣传人员连黄金搭档同脑白金有什么区别都不能简要说明。

这的确反映出宣传人员的学习能力不够，可其他问题也同样存在，比如价格。相对于维生素产品而言，黄金搭档56元的售价和脑白金差不多，多数消费者很难接受。

另外就是来自宣传方面的困扰。脑白金的褪黑素成分由于美国方面的概念炒作行为，可以让销售团队编写同英文有出入的内容。不过，维生素作为普及型概念，不容易效法。

史玉柱为黄金搭档打了几篇功效软文广告，比如《中国人怎么吃饭》《营养不良的孩子》《白米惹的"祸"》《海军上将的悲剧》和《美国〈科学导报〉报道：人无维生素，只能活10天》等。

另外，一些关于企业形象的软文也陆续推出，比如《中国人补充维生素矿物质有了权威方法》《投资数亿三巨头合作》及《中国人如何补充营养素》等。只是，这些软文不可能把维生素描绘得神乎其神，所以不能像脑白金一样把黄金搭档"捧上天"，宣传力度也就小多了。

史玉柱也不想打擦边球，他要回归"正统"，要"走上正轨"，然而卖维生素产品的难处，就在于无法跟其他同类产品做更有效的区分，故而，市场营销和广告宣传效果就难免捉襟见肘。可不管怎么说，这块产品在某种程度上"淡化"了巨人在公众印象中的"恶俗"，史玉柱要"走上正规"的设想，也一步步变成了现实。

投资黄金酒

史玉柱在脑黄金、脑白金和黄金搭档之后，还搞过一种保健酒的销售，就是五粮液黄金酒。

中国古代繁体字"酒"是从"医"而不是从"酉"，可见在远古时候酒是一种药。中华文明源远流长，祖先们在几千年前就已经在酒中浸入中药材，过一段时间再喝，能产生健身滋补的效果。

从文化历史角度讲，保健酒可以被称之为"国粹"。在保健酒市场上，尽管消费者经常会听到两三个品牌，但总感觉市场不温不火，没有一个品牌能异军突起。对史玉柱来说，黄金酒是他对保健品投入资金最大的一个项目。黄金酒强势出击保健酒市场，大家都期待可以看一看他能否再造商业奇迹。

有人分析，史玉柱推销的所有保健品，都带一个"金"字，这是他在商言商的表现，也是熟知中国消费者心理的结果。

"金"字在中国人的意识里象征着财富和吉利。不是指财迷心窍，而是取大吉大利，飞黄腾达的吉祥意义，更象征着身体的健康就像黄金一样宝贵。

史玉柱为经营保健酒，率领巨人投资有限公司与五粮液保健酒有限责任公司进行了长达 8 个月的商谈。最终结果是，联合向市场推出黄金酒这款功能性白酒。

两家公司之间的合作模式，跟浏阳河、金六福这样的著名白酒品牌一样，由五粮液负责贴牌生产，史玉柱的巨人投资公司负责市场开发和营销。收益的一多半归巨人集团这个大股东所有。

　　五粮液保健酒公司自 2001 年成立以来，一直从事功能性白酒的生产制造，旗下拥有十多种产品，如老虎酒、雄酒、藏康、虫草酒、银杏酒等。但在椰岛鹿龟酒、劲酒等品牌做得有声有色的时候，五粮液保健酒的销售成绩却一直不理想。

　　其实，早在 90 年代，五粮液集团就有心把五粮液保健酒打造成中国功能酒的第一品牌。可事与愿违，由于缺乏营销人才，五粮液保健酒一直默默无闻。所谓"酒香也怕巷子深"，这次与史玉柱合作，正好借他在营销方面的成功经验，把五粮液保健酒改名为"黄金酒"，再按照他的构想量身定做，把五粮液的优质白酒作为基酒，赋予黄金保健酒的品牌内涵，不愁不成为中国保健酒市场上的翘楚。

　　就这样，《华西都市报》上半版的招聘栏上出现一则广告：为改写中国白酒行业新格局，巨人投资、五粮液两大巨头联手，一起打造中国第一个功能型白酒——黄金酒。现面向全四川诚招精英，共创伟业！

　　这样大范围的招聘人才，正是在为黄金酒的上市经销做准备。

　　招聘广告中包括健康咨询医生的职位，注明退休医生或内科医生优先考虑。

　　巨人集团表示，要在四川发展 50 多名城市业务主管和 20 多名品牌经理，并大量招聘促销员，在白酒旺季展开促销攻势。铺货，则通过当地的超市进行。

　　由于这次联手打造黄金酒品牌是在全球金融危机的背景下实现的，所以能否维持以往的市场消费能力，众人心中还是画了个问号。

　　有人说，史玉柱是人性营销的武林高手，洞察人性的心理学家。黄金酒的营销仍然深刻地体现出这一点，因为史玉柱再次牢牢抓住了子女孝敬父母的心情和饮健康酒的潮流。

从产品名称来看，黄金酒的名字可谓大俗大雅。人们在给产品起名时，往往追求个性、另类或文雅高贵。很多公司领导也以追求"高雅"来指导新产品的命名，认为产品名称一定不能起得低俗。史玉柱却没有这个顾虑。他的"巨人"公司、"脑黄金"、"脑白金"、"黄金酒"等产品名称，虽看不出高雅，却能因"低俗"而迅速留在消费者的记忆里，在他们对品名感到厌恶的同时，不知不觉地就在脑海中打下了深刻的烙印。

史玉柱的产品名称不是起给少数人听的，而是为了便于普通大众的记忆。无论是谁，都能很容易的理解这些产品的价值，"黄金酒"像黄金一样贵重，"脑白金"像白金一样宝贵，从而为这些产品成为家喻户晓的明星产品提供了理解上的便利。

当然，仅仅一个名称还不能说明是成功的市场营销。除了名字通俗易懂、朗朗上口之外，史玉柱还搞了一个成功的产品功能诉求转型。没有美国高科技概念"褪黑素"的科学争议，五粮液黄金酒在功能诉求方面再不会轻易被别人抓住小辫子。

商品的购买本身就是世俗的，看上去高雅的品牌定义，不一定能产生铺天盖地的巨大销量。脑白金价位不错，但不可以称之为奢侈品。保健品是供给大众消费的产品类型，故此只有舍弃"文人墨客""高雅人士"的喜爱，以"恶俗"占领大众消费的阵地，才能成为大众消费的"俗文化"中的经典。

史玉柱也许意识到了这一点，他希望在保健品销售方面尽量靠近主流。因此，黄金酒的功能诉求，符合中国传统文化对饮酒保健的定位，不存在丝毫争议。比如在介绍黄金酒的文字中，可以看到这样的词句：以五种粮食、六味中药为原料，遵循 400 余年古法酿造，酒助药效，药添酒香，珍贵若黄金，故名黄金酒。

整个叙述充满中国传统文化的气息，让人感到沉沉酒香扑面而来，文化底蕴很深，少了"忽悠人"的味道。此时已经"不差钱"的史玉柱，不必要整天为洗心革面、早早还债而夙夜忧叹，自然用不着再一门心思地让全国的子女过年过节都把黄金酒作为送给父母的必备礼品。

有了五粮液这款中国名酒垫底，黄金酒的保健功能不掺杂质，而鹿茸、龟甲、杜仲、西洋参、蜂蜜、枸杞又是大家耳熟能详的中药材，这样的功效定位如果再不能服众，就没有任何方式能产生更好的铺垫效果了。

当然，史玉柱不会放弃脑白金成功的"送礼"攻略，甚至把孝敬爸妈进一步引申至孝敬一切长辈，包括老师和领导。当越来越多的子女不能体会父母的养育之恩时，在全社会倡导孝敬父母的美德，本来就无可非议。时间一长，大家发现，确实是这么一个理儿。孝敬父母是子女应该做的，而孝顺他们也的确需要用一些恰当的方式去表达。作为子女，还有什么比送给父母和长辈保健品，以维护他们的健康更好的办法呢？

其实，黄金酒的做法，是脑白金和黄金搭档用烂了的招数。

2003 年和 2004 年之间，史玉柱曾经提议过投资汽车或手机行业，都被他背后的投资委员会否决了，最后决定投资白酒行业。为此，巨人对保健酒市场进行了为期一年的考察。与脑白金一样，黄金酒也是从局部区域试销开始探寻向全国市场推广的路子。

2008 年 4 月的一天，青岛市民开始看到黄金酒的广告铺天盖地迎面袭来。除了青岛，河南新乡也是试销点。

是年 5 月，黄金酒开始进入河南新乡的烟酒商店和青岛的大卖场。史玉柱团队对这两个全国著名的白酒之乡寄予了很大期望值。

到了 10 月，广告更多了，300 多万元的广告费也让公司看到了成效，1600 万元的回款额更见证了这种营销模式的成功。

黄金酒的销售渠道，是通过抽调黄金搭档的渠道经理搭建出来的，但更多人员是从黄金搭档公司以外另行招聘的。刘伟是黄金酒行销的负责人，她希望其在远期会成为独立于黄金搭档的另一家公司。

可以说，黄金酒的销售网络是在模仿黄金搭档的运营模式。可见，投资委员会出于谨慎性考虑，利用了巨人集团保健品销售的渠道、网络和经验，毫不费力地组织起了黄金酒的营销。

然而，黄金酒的推广毕竟是在巨人网络已经做大之后开展的，这时的史玉柱已经完全不必依靠黄金酒来为自己赚取第一桶金了。与用 50 万元起家做脑白金的时代相比，黄金酒的战略重要性要小得多，自然不能让史玉柱有太大的兴趣。他作为"骨灰级玩家"，兴趣在电脑游戏上。每天夜里打游戏至凌晨，是他的必修课。而这个爱好，也成为他缔造下一个奇迹的前提。

第六章

死而复生，绝无偶然

言必行，行必果

　　巨人大厦倒塌过后，史玉柱从公众的视野中销声匿迹了 3 年，买楼花的人除了对其怨恨之外，就只剩下无可奈何的抱怨。

　　但史玉柱承诺过要还钱。于是，在 2001 年 1 月 30 日，一条公告出现在《珠海特区报》上，署名是一家叫"士安"的公司。公告标题为"收购珠海巨人大厦楼花"。公告说，要以现金方式收购当年巨人集团在内地发售的楼花。分两种收购方式：一是按当时买楼花价格的 100％收购，支付分为两期，40％为现金支付，剩余 60％在 2001 年年底支付；二是以买楼花时价格的 70％一次性收购，时间为 1 月 31 日至 2 月 15 日。

后来，央视名嘴方宏进在他的母校——也是史玉柱的母校——深圳大学，当着全校师生的面采访过史玉柱。最后几条采访问题是关于还钱这件事。方宏进问史玉柱：什么时候想还钱的？一开始史玉柱没有正面回答，而是说：我让"污点"变成"好处"。

接着，方宏进又做了一定的提示，他问："很多人都在猜，你是当初跌到谷底时就已经下定决心要还钱，还是等到脑白金卖到一定程度，觉得有能力还了，才开始还钱的？"最后他又加了一句："实话实说。"

方宏进是在探究史玉柱还钱的具体动机。人非圣贤，如果说史玉柱的还钱举动完全是出于个人目的，似乎不太恰当；但若说他一点个人目的都没有，也不大可能。

史玉柱"嗯"了两声，然后回答："我 1997 年夏天是最胖的，当时巨人救不活了，人特别轻松，精神最好，还钱是我公开承诺的，但那时候没有时间表……后来脑白金做起来了，我才开始考虑什么时候还的问题。"

史玉柱的回答比较坦诚，没有水分，符合实际情况。还钱是他当众许诺的，也是跌落谷底时就决定的。但是，什么时候能还清，靠的不是主观动机，而是客观能力。

当时他还不知道自己具体什么时间有能力还上这笔钱，没想到诺言会兑现这么快，既证明了他赚钱的能力，也证明他吸取教训后，经过实地市场调研，了解消费者心理和需求取得成功的事实。

其实，当时还钱公告上的士安公司，也给公众留下了一丝谜团。外界纷纷猜测公司代表到底是谁，后来才知道，士安公司正是史玉柱幕后一手策划的。

那么，他这样做又是为了什么呢？是掩人耳目吗？其实他只有一个目的，就是把钱还给老百姓。

后来经记者核实，史玉柱在准备还钱之前，考虑过两个方案，一是以个人名义还，二是以珠海巨人名义还。权衡再三，他感觉这两个方案都不能把1.5亿人民币安全还到老百姓手中。因为巨人集团还有企业债务，而他本人是巨人的法人代表。因而，为了还债，他注册了这个"士安"公司。

方宏进也问过他，是否是用这1.5亿挽救自己的名声？如何来计算这笔账？

方宏进作为记者，提出的问题显出咄咄逼人的气势，作为名人和企业家，史玉柱直面他的提问，而且也毫不避讳。

史玉柱解释说，还钱是他自己给自己的压力。如果欠钱不还，新企业一旦做大，在合作方面就可能出现问题。由于你赔了钱就不还钱，大家对你就有了戒备心理。可是还了之后呢，本来的污点就可能变成对你有好处的事情，也更容易找到合作伙伴。

他还谈到一件有趣的事情：现在如果他们公司去银行申请贷款，银行连抵押都不要，说只要史玉柱在，只要有史玉柱签字，就可以给他们贷款。

史玉柱成了"信誉"的象征和代名词。

正像他把脑白金在消费者头脑里符号化为"送礼的首选"一样，现在他也把自己符号化为"无价的抵押品"了。

当然，他主动交还本来可以逃避的债务，换来的并不全是理解和支持。有人质疑他是为自己的新产品脑白金炒作。其实炒作倒不至于，但这次还债的确达到了"一举两得"的效果。从道德角度出发，他挽救了自己的个人形象，信守当初的承诺；从利益角度考虑，这次还债使他和他的新公司再次名声大噪，他付出 1.5 亿元，换来的是 10 亿元的广告价值。

后来，他参加央视《赢在中国》节目时，就坦言人应该善于制造事件，吸引媒体主动来关注。

方宏进问他，还钱时有没有担心赚的钱不够还？史玉柱说，1999 年时，脑白金就已经有了相当的规模，其实，他们着手还钱的时候，手边的钱已经够了。把这笔钱从公司抽调出来，也不影响公司的正常运转。

方宏进又问：已经还了多少？

史玉柱回答："已经还了 98%，还有 2% 没还。一是有些人去世了，二是有些人出国找不到了。但那些钱我们都给他们放着……"

2001 年 2 月 3 日，一则消息自上海报纸刊登，并由史玉柱亲自出面证实——上海健特生物科技有限公司已变成上海民营企业中的纳税大户。他之前的两种还款方式，也是与 50 名投资人代表协商的结果。他又一次公开表示："只要我不出问题，只要我这个人不出问题，欠款就不会出问题。"

他表示："这样的还款方式好像还是让老百姓蒙受损失。如果要算利息算精神赔偿，恐怕 10 多亿元都不够，但对于我来说，这简直是天方夜谭，就是 5 个亿我也拿不出来。我感觉已经尽力了，良心上感觉安慰了。至于这两种方案，我们做过电话调查，发现主要有两类人，一类占多数，说是打个 5 折一次给就行了；另一类是最好分两期给 70%，先给 50% 后给 20%。我们开始报给珠海市的方案也是这样的，在实际操作中我们又相对提高了……现在我个人拿出上亿的钱已经不容易了，希望大家也能够理解。"

史玉柱在还钱时是清醒的。他意识到如果把通货膨胀率和利息等其他收入算进去，1.5亿元的价值肯定还要有所增加。然而，中国老百姓也许对不讲诚信的行为颇为"习以为常"，一点不抱奢望，他们只希望哪怕能还一半，或者打个折扣都行。

对于史玉柱还钱的事情，负面的声音只占一小部分，大多数人对他还是持相当的肯定态度。

当他还钱的事情在媒体上被铺天盖地报道时，一些网站甚至开辟专栏来讨论这件事情。有数百网友对史玉柱做了评价，大多数人都认为他既然能够跌倒再爬起来，就足够令人钦佩。有的网友还说"史玉柱是真正的巨人""是条汉子""真正的英雄"。

不管是出于良心还是商业炒作，总之，史玉柱收购上海楼花这件事的轰动效应比起声势浩大、沸沸扬扬的脑白金广告宣传活动，有过之而无不及。坊间对他还钱的举动议论纷纷，争辩之声绕梁三日，不绝如缕，他无奈下选择接受《北京青年报》的专访，做了一个题为《我想站起来，背着污点做不了大事》的长篇专访。

对于某些所谓的"经济学家"的言论，史玉柱不可能全无一丝气愤。专家发言批评史玉柱，巨人公司是无限责任公司，这钱本来就应该还的，有什么好宣扬的呢？

对此，史玉柱认为，这个经济学家不懂"法"，巨人公司在1992年注册，当时还没有《公司法》，所以没有有限、无限之说。按经济学家的观点，他应该把精神损失都补偿上，应该还15亿才对。这种说法，让他感到很无奈。

《中国青年报》的记者也问史玉柱，为什么可以不还的钱你要去还，在这个时代，这看上去太"古典"了。

面对记者的提问，史玉柱回答："因为我们坚信将来还是要做大事的……背着污点做不了大事。谁都会说：这个人把公司搞得一塌糊涂，欠老百姓钱也不还。这样的话你将来什么事都干不了。"

事实上，不少人隐约感到史玉柱还钱的举动肯定有个人目的，但大家又普遍犯了一个错误，就是目光又像当初有人说他要拿着1000多万元"携款潜逃"一样短浅。

其实，史玉柱的确在很大程度上是为了自己，但正因为他不抱短期目的和动机，才会拿出这么多钱还债。他的志向始终是远大的，目标和计划也是长远的。还钱的事情，只不过是他前进道路上的一个小障碍，逾越过去，只是为了能给自己和公司的将来创造更大的空间和机遇。

福地，上海滩

史玉柱的再次崛起，依托的是上海这块风水宝地。他曾经负债累累，此时在上海重新站起来，了结了一直以来的心病，他表示要在上海重新拼搏一番，干大事业，而上海健特生物也将启用"上海巨人"的名称。

史玉柱在上海西区的一幢大楼里接受了记者的采访，39 岁的他对记者说："是上海使我重新站了起来。"

东山再起之前的史玉柱，一直寻找机会重新开始。他正是看中了上海提供的优越创业环境，才带领原班人马落户上海，成立了"上海健特生物科技有限公司"。他表示，是上海政府的支持、关心，加上上海良好的投资氛围，促成了健特生物事业上的成功。

史玉柱也为上海创造了 1.5 亿元的税收。

上海创业的这几年，在史玉柱眼里，达到了比巨人历史上最好的时期都要好的销售额。以前的巨人集团，最高只能实现 2.7 亿元的年营业额，而在上海运作脑白金的年销售收入达到 10 多亿。

也许是一种"做贼心虚"样的感觉一直困扰着他，让他如坐针毡，所以目标明确、志向远大的他，为了摆脱心魔，光明正大地做人做事，宁愿苦熬几年，把钱赚到手，还上旧债"重新做人"。

珠海，让他感受到了惨败时被千夫所指的痛苦无奈，而上海则成就了他的东山再起。从此，他跟上海也结了缘，俨然已是一个地地道道的上海人。

《东方新闻》报于 2001 年发表了《史玉柱在上海重新站起》这篇文章，有读者打来电话询问史玉柱这几年卧薪尝胆和隐姓埋名二次创业的经历。记者响应读者要求去采访他时，看见他穿着一套黑色的西装，里面是巨人集团以前生产的衬衫，连领带也是。他说，这些都是那时头脑发热的产物，卖不掉现在就自己穿了。他似乎在有意告诫自己，过去的错误决不能再犯第二次。

"上海健特"的办公室里，有一面墙几乎贴满了中国和世界地图。他还是喜欢硕大的办公桌，桌前矗立着一面几乎垂地的大五星红旗。书柜的玻璃中夹着一张车翻沟里的照片，仿佛是在提醒着他，谨慎最重要，欲速则不达。

他向记者表示，巨人的倒塌，是头脑发热的结果，从化妆品、房地产、保健品，直到服装，他什么都想"插一脚"，结果巨人负债累累，被拖垮了。这几年，他一直把国家领导人对他们这代人的期望记在心里。欠老百姓的钱，使他总被一种负罪感困扰，这几年之所以隐姓埋名、销声匿迹，也是为了摆脱种种追债导致的制约和干扰，以便给自己的二次创业创造一个相对稳定和平的环境。

他说，自己没有想到能在上海重新站起来，所以感谢上海市委市政府和上海人民，让他可以专心致志做事，堂堂正正做人。

他的话，是发自肺腑的。

当初他撤离珠海，来到苏南地区，就是为了上海充满吸引力的广阔市场。一些朋友们和专家要他来上海创业，给了他很多鼓励，也帮他做过一些分析，他便有了东进上海的勇气。

初入上海时，健特公司的规模很小，只有30多名员工。可是，上海政府却不因健特公司势单力孤、没有本地根基而带着有色眼镜看他。相反，政府关心、引导、积极扶持了健特。可以说，脑白金在半年之内能做到2.3亿元的销售额，与上海市政府提供的热心帮助密不可分。

在上海，健特公司从"两间房里闹革命"，发展到拥有32个子公司和197个办事机构，在全国216个城市都有营销网络的大型民营企业，史玉柱感慨道：上海确实是卧虎藏龙之地，是中国最大也是最好的开拓事业和投资的场所。

他想起自己在1997年1月20写的日记，上面只有四个字：天亡我也！

当天，他把巨人集团中层以上干部召集在黄山脚下的太平镇开展"批评与自我批评"，让众人"向他开炮"，就是想制止已经隐现的危机苗头。

他试图力挽狂澜，不想却中了媒体的埋伏。就在那天下午，正在会场中开"批斗会"的他，接过一份来自珠海的传真，顿时神色大变。次日，深圳《投资导报》头版赫然印着 9 个大黑体字："巨人"史玉柱深陷重围。5000 字的文章阐发的主题是：集团资产被法院查封、职工 3 个月未领工资，巨人已达破产边缘。

他顿时感到脑子里一片空白，没敢给别人看。他知道，媒体的报道将引起火山爆发和海啸般等一系列连锁反应，那时的他，内心的焦虑和悲壮交织在一起，备受煎熬。

他回忆起当年攀登珠穆朗玛峰时的情景，感慨万千。他需要一个能让他安心想一想以后的路究竟应该怎么走的地方，所以想到了令他向往已久的雪域天国。他的目标是爬到珠峰海拔 6000 多米的营地。可是因为兜里没钱，什么都玩不转。为了省 800 元的导游费，不敢要向导，结果迷了路。氧气吸光了，体力透支也很严重，他慌不择路，眼前一黑便倒了下去，绝望的他对同行的人说：你们走吧！

可是，他问自己，如果一死了之，老百姓的钱怎么办？巨人怎么办？同行的人把氧气递过来，他手哆嗦着，连把吸管插进牛奶盒的力气都没有了。最终，同行者跟他一起摸回营地，真可谓九死一生！

祸不单行，下山之后，他们又遭遇了泥石流，人刚从车里撤出来，整台车就被吞没了。

经历了这样的生死洗礼，史玉柱想开了。

已经跌落谷底了，两边都是山，总得攀上去才有生路。他递交过破产程序，可是又要了回来。他总觉得，只要给他一点时间，一定能赚到钱还债。

当江阴的一个居委会会议在一条小巷里召开，一群老头老太太称赞免费赠送的脑白金效果如何好的时候，他心里有种豁然开朗的感觉。他说："那真是一个阳光灿烂的日子，我当时就有预感，我们的产品一定能做大。"

此时在上海气派的办公室里坐着的他，怎能不感谢上海政府对他的支持和帮助呢？而且失败的经历也让他变得更加谨慎和成熟。他说："自从'三大战役'失败后，我就养成一个习惯，谁消费我的产品，我就要把他研究透。一天不研究透，我就痛苦一天。"

他的谨慎，他的信誉，使得公众对他的信任度始终很高，以至于外界传出什么对他不利的"绯闻"，都有不少网友肯为他辩解。

史玉柱和巨人集团在上海算是扎了根。1999 年 8 月，他初来上海时，曾笑言"我们开始流浪生活"。2001 年时，他再也不是那个"流浪者"了。他总结说，珠江三角洲更适合中小型企业的发展，上海更适合大中型企业的发展。

上海和广东一样，都有讲游戏规则的媒体，规则意识很强。在其他地方做企业，很可能受到小报等小媒体的骚扰。每个月会有记者来拉广告，平均四五次，如果你不登，那对不起，就写文章说你的产品如何不好。

有一个搞电器的朋友对史玉柱说，若他拒绝登广告，其产品里的变压器就成了随时能爆炸的炸弹。可是，这种媒体在广东和上海这样的开放地带，却一个也找不到。因此在上海做企业，给了史玉柱一种安全感。

史玉柱感到，上海无论是政府、企业还是市民，规则感都很强；上海企业的职工也很讲职业道德，按规则办事；上海有发达的金融业和高素质的人才，这同历史、文化教育等各个方面都有关。

而且上海的政策也适合企业发展，能全部兑现招商引资的条件。史玉柱1999年来上海时政府答应但没有形成书面文件的承诺，在2001年时全部兑现了。税收政策也比其他地方优惠，而且能落实。

这正是史玉柱干大事业的绝佳舞台。他由衷地感谢上海，也向外界积极宣传上海的优惠政策，为上海经济的发展出一份力。

2011年1月19日，国务院批准建设"张江国家自主创新示范区"，基本形成"一区十二园"，总规划面积为290.68平方公里，集新能源、生物医药、新材料、航空航天于一体。史玉柱作为巨人网络集团董事长，加盟张江高科，成为独立董事之一，参与上海的高科技经济建设。

谋而后定

一个篱笆三个桩，一个好汉三个帮。在史玉柱创业和打天下的道路上，不可能没有谋士们的指点和帮扶。当然，谋士不具有史玉柱的魄力和胆量，不能将自己的满腹经纶化为真正的执行力。而两者的有机结合，便会产生绝佳的效果。何学林，就是史玉柱身边的一个上等谋士。

在巨人大厦倒塌的最后阶段，深圳《投资导报》报道了7个分公司经理和一个副总裁携款潜逃的事情，还揭露了巨人集团开发保健品花了上亿元学费的内幕。这年冬天的黄山会议，史玉柱本来是召集各路诸侯商议融资的问题，但由于媒体披露的席卷之势，原定3天的会议不得不提前结束。他带领一班人马黯然离开黄山，赶往杭州，却仍没能阻住媒体报道的寒流。

现代传媒的威力由此可见一斑。当总部办公楼被拍卖用来还债，法院冻结了巨人的银行账户时，史玉柱顿觉大势已去，无力回天了。

胜者王败者寇。史玉柱落难，社会上的议论纷繁复杂，说什么的都有。以前他是一个典型：十大杰出青年之一，中国富豪。此刻一切耀眼的光环都已褪去，指责之声铺天盖地，幸灾乐祸者有之，趁火打劫者有之，人们纷纷指责他是笨蛋、罪人，以前的一切优点都被说成了缺点。

有人说他不该做保健品、不该搞房地产，说他广告做得太多，吹破了牛皮，说他性格有问题，知识分子还是不适合经商，甚至还对他进行人身攻击，说他纯粹是骗子，应该抓起来。所有人都认为他彻底完蛋了，谁也想不到他会东山再起。

面对这样的社会氛围和舆论环境，史玉柱感到十分迷茫，像一个做错事的孩子，四处写检查，也暗中奔走，讨教于人，希望得到东山再起的良策。他到北京找段永基和柳传志请教，但是没有找到答案，又到济南找吴炳新，不久之后吴炳新的三株都倒闭了，哪有什么良策给他？他感到不寒而栗，非常失望。

这时，有一个叫何学林的人走进了史玉柱的视线。他是一个财团的资本运作经理，曾给巨人写过一份策划报告，公开发表在一个杂志上，而随着巨人集团的倒闭，这份报告也引起了轰动。史玉柱注意到了何学林，希望他能为巨人提供进一步策划。

1997 年 10 月，史玉柱邀何学林乘飞机到珠海，秘密商量挽救巨人的办法。何学林给他提出的第一个方案就是：找一个财团做巨人的东家，也就是收购。想被收购已经不能依靠有形资产抵押贷款，一般的参股经营也由于巨人集团名誉不佳而不可能实施。不过，"巨人"两个字是有价值的无形资产，品牌力量在中国无人能出其右。

何学林这个谋士，为史玉柱设计了零成本收购方案，即收购方不需要出资，而是直接接收巨人的所有资产，承担所有负债。史玉柱本人占有49％的股份，收购方占51％的股份。当巨人归收购人所有之后，收购人再投入启动资本，让巨人重启，断裂的资金链条就可以被重新接续。

而以史玉柱本人的才干和其经历的失败教训，还有巨人品牌累积的无形资产，收购者可以得到种种好处。同时，收购的事实，又可以借助巨人倒台这件事的轰动效应产生更大的新闻效果。史玉柱可以得到资金补充，按持有的49％股份得到分红。如果想再开辟战场以图做大，手里有了分红的钱，到时也为时不晚。收购方由于站在了"巨人"的肩膀上，可以大大提高本公司无形资产的价值。经过收购后的一系列良性运作，巨人的品牌也能得到拯救，从而起死回生。

按理说，这是个绝妙的办法。然而，何学林的话没有打动史玉柱，因为他不愿意自己一手打下的江山归入别人的口袋。他只是想把巨人大厦从巨人集团本身摆脱出去，只想出让巨人大厦的那部分股份。他考虑，只要巨人大厦能盘活，何愁保不住巨人？

何学林好言相劝，说眼下不是他选择别人的时机，而是别人在选择他。因此，首先要想的是满足收购方的需求，而不是按自己的思维模式规划收购方案。合作方的兴趣只能是整个巨人集团，而不是合作搞活巨人大厦一个项目。

一座70层高的大厦，在珠海不可能卖出多少，因为房地产行业的热炒而被推上去的买楼热潮，此时早就降温了，楼盘积压数不胜数，即使巨人大厦盖起来，如果卖不出去，合作方能接受吗？如果不能获利，合作方怎么肯再度投资呢？

后来，广东今日集团，即现在的乐百氏集团的老板何伯全找到何学林，跟他商谈收购巨人的方案。

何学林认为，今日集团收购巨人将是商界的神来之笔，史玉柱跟何伯全的握手更可以成就一段奇缘佳话。

当时，今日集团经营良好，发展稳定，但毕竟不是顶级的企业，只能排在二流位置。如果想进入一流企业的行列，必要通过某种途径突破其瓶颈才行。而收购巨人，正是这样的天赐良机。而且，今日集团的主业为食品饮料，与巨人集团的保健品模块也算相得益彰。

而巨人如果被今日集团收购后，可以剥离不良资产，脑黄金和保健品产品链可以得到更好的发展。今日集团也可以得到产业结构上的优化配置。

今日集团曾经花 1200 万元请麦肯锡做顾问，又花了 1000 万元购买了马俊仁的生命核能秘方。跟这些收购比起来，对巨人集团的收购来得更实在。而且如果两家联手，名字甚至可更为"今日巨人"，象征着巨人的复苏，可以顺理成章地嫁接移植原巨人的无形资产，可谓天衣无缝，双方的无形资产都能得到提升。

可是，巨人集团在史玉柱眼中价值过高，达到几个亿的数额。面对如此高的收购价，何伯全迟疑了。今日集团已经颇有知名度，如果花那么多钱去收购巨人，有必要吗？

最后，这次收购以不了了之收场。

巨人集团与最后的机会失之交臂，玉碎宫倾。这体现了史玉柱的完美主义倾向，宁愿全盘倒下，也不想让巨人集团落到别人手里。

因此，他别无选择，只能"自己动手、丰衣足食"，来一次重新起步的创业。

据何学林说，史玉柱决定进军保健品行业，也是听从了他的劝告。本来大家都以为电脑是巨人的老本行，放弃老本行而从事保健品，压根就是史玉柱的一大错误。甚至连史玉柱本人也这么认为，感到自己搞多元化经营害了巨人。但何学林却认为此一时彼一时。当时电脑行业竞争激烈，高科技发展日新月异，而巨人为保健品已投入了几亿元资金，已成为保健品行业的经营能手。如果再回到销售电脑产品的老路上，无异于再一次舍本求末。

其实，史玉柱转型做保健品没有错，错的是他不该成为政客导演泡沫政绩的牺牲品。可是以他当时的年龄和处境，尚没有意识到摆脱"政企不分"现象的重要性。

为了掩人耳目，史玉柱玩起了"隐姓埋名"，目的是不想巨人倒台的坏形象影响新产品的销售。他不能再站在台前，必须转入地下。

后来他办的一些公司，都不由他自己做法人代表。比如上海健特的法人代表是他的一个部下，他的公开身份只是策划总监。

脑白金的横空出世，填补了保健品行业低迷期之后的市场空缺，迅速风靡全国。实在让人难以料想，一个人3年前还差点被送进监狱，3年后竟然摇身一变重新成为富豪，这种情况中国经济史上也是屈指可数的。

当史玉柱向公司借债1亿元还老百姓的钱时，新巨人公司也在上海重新注册，正式登场。

何学林问过这个问题：史玉柱不站出来行吗？答案是一个否字。首先，不站出来不符合他的性格，他想扬眉吐气重新把巨人品牌洗明刷净。他对巨人的爱已经到了难以自拔的程度，宁为玉碎，不为瓦全。其次，他的事业又越上了一个巅峰，如果继续躲着不出来，很快也会被人揪出来，到那时，他甚至会再次名誉扫地，可能面对跟当初一样的命运。

所以说，他还钱其实是一举两得的战术。把需要投入到广告中的钱用来还债，而产生的广告效应甚至超出了预期效果的几倍，付出和回报相抵，他还赚了好人缘。此刻，他终于可以光明正大地担任上海巨人的法人代表了，而且，也为自己的过去画上了干净完美的句号。

在《脑白金真相调查》刊出后，何学林又给史玉柱出谋划策，让他采取低调策略，在公众面前树立自己谦谦君子的形象，切忌在细节问题上跟反方喋喋不休，发表宏论为自己辩护。而让经济学者出面从学术和经济学的角度，运用哲学思辨为史玉柱和脑白金辩护，同样写出鸿篇巨制的报告文学。

可以说，在史玉柱前进的道路上，有许多像何学林这样的谋士为其出谋划策，这对其事业的成功起到了推波助澜的作用。

知性"贤内助"

成功男人的背后一定有女人的支持，史玉柱也不例外。他身边不但有何学林那样的谋士，也有始终如一支持他的睿智女性，不过，这里的女性并非他的妻子，因为他一直没有再婚。

史玉柱有两个得力干将，都是女性，一个是刘伟，一个是程晨。

很多人都比较好奇，总会发问：刘伟、程晨跟史玉柱是什么关系呀？

每当史玉柱带着刘伟和程晨到中央电视台给产品打广告时，就会有人问：老史，你怎么老是带着两个侄女出来呀？

其实，说这话的人是在开玩笑，因为刘伟和程晨都是娃娃脸，看起来都很年轻、很有亲和力，所以才让人产生她们是史玉柱晚辈的印象。

先说说刘伟。她比较理性，而史玉柱是一个天生不愿受规则束缚的人，所以两人之间可以形成良好的互补。

史玉柱在 1998 年开始对电脑游戏着迷，后来做起了自己的电脑游戏"征途"。当他把自己练成骨灰级玩家的时候，工作的时间自然就被挤占了。于是，他把大部分工作都交给这两个女人打理，一个负责策略和品牌，一个负责销售。她们平时用 QQ 向史玉柱汇报工作，除非事情特别重要，她们一般不去他的办公室。

刘伟和程晨都是上海健特的副总经理，占了"四个火枪手"中的两个席位。刘伟是史玉柱最早的雇员之一，从文秘到人事部长，再到副总裁，后来升任巨人网络总裁。

史玉柱对刘伟和程晨的评价是："她俩性格完全不同，程晨嘻嘻哈哈，敢打敢拼，刘伟就比较稳重，脚踏实地。"

后来，史玉柱基本不管公司的具体业务了，都交给刘伟。他说："她做得比我好。"

对于二人的分工，史玉柱说："人事她管，财务她管，公司的计划制定她管，目标考核她管……我在公司就管一件事——研发。"

有了刘伟这个"公司贤内助"的辅佐，史玉柱可谓无债一身轻。

在史玉柱眼里，女人的忠诚度比男人更高。而且，他也很喜欢外界对他有这样一个印象:就是手下有这么多美女老总。他对此的解释是:事实上公司里男的居多,网络游戏行业男人要占 70％以上,但是外务工作全部由几个女的承担,因此大家就会产生这样的误解。他说:"你看我们的团队要是全部集合起来,女的外面基本都知道,男的外面基本都不知道。"

刘伟对公司的重要性,从史玉柱的话里可见一斑。史玉柱说:"我们公司主事的是刘伟。她跟了我十几年,没在经济上犯过一回错,我自然非常相信她。我冲动的时候,她就会把我往后拉。"

1990 年,刘伟从南开大学毕业,因为看了一部电影,对深圳有了不一样的向往。她想通过自己的努力,过自由自在的幸福生活,那时年轻的她对深圳的认识是:只要到深圳就能改变自己的命运。就这样,1992 年,她趁妈妈出差的工夫,不告而别,离家出走了。

她坐火车去了深圳。心想,我已经在南开大学获得了社会学和汉语言文学双学位,到深圳之后可以凭借自己的专业知识找一份工作,实现自己的梦想。

很快,她应聘进了史玉柱的巨人公司做文秘,每月工资 450 元,按照当时的标准还可以,但是需要经常加班。不过这难不倒她,因为她喜欢加班。

让她写可行性报告没问题,可让一个叫史玉柱的人骂得鼻涕一把泪一把,却令她难以忍受。但是,由于大家都年轻,刘伟想,也许生活就是这样吧,所以她一直跟着这家公司干了 3 个月。就在这一时期,创业初期的巨人公司在珠海落户,业务渐渐做大,销售业绩每年达到 1 亿元,刘伟也随着公司的进一步壮大迅速成长起来。

第一次见到史玉柱时,刘伟看见他身穿喇叭裤,头发烫的卷卷的，这行头在她眼里显得很老土。但他意气风发，又给人干练和朝气蓬勃的印象。他脾气不好，刘伟便戏称他为"史总"。若干年后，这称谓变成了"老史"。刘伟承认，史玉柱不是她的精神教父，但对她产生了潜移默化的影响。在她眼里，史玉柱很敬业，正好她也是个喜欢加班的工作狂，所以二人不谋而合。

可以说，刘伟见证了史玉柱走过的路。在1993年，史玉柱被珠海重奖为有突出贡献的知识分子的时候，她也出席了颁奖仪式。当时公司的发展速度很快，处于膨胀时期，刘伟等人也很快得到了提拔。刘伟1992年进入巨人公司，次年就担任了人事部长，1994年成了副总裁。那一年，她才26岁。

年纪轻轻的刘伟，见证了史玉柱当选十大改革风云人物，也见证了巨人大厦的破土动工。1995年，史玉柱发动"三大战役"，刘伟担任副总指挥。她对这件事情的解释是："我觉得自己是被动推上去的，心里完全没底。"

而2001年之后，当她重新回到史玉柱身边，发现自己开始有了自觉管理的意识，渐渐地可以独当一面了。之前的那些经历，也只是为日后的成绩打基础，是一个学习的阶段。

很多人都好奇，刘伟到底是不是史玉柱的红颜知己？其实大家多心了。刘伟有自己的家庭，史玉柱也没必要把红颜知己留在自己公司，把个人感情和工作混为一谈。

当年巨人的风波愈演愈烈的时候，刘伟没有跟随史玉柱，因为1996年恰逢她的宝宝诞生。她认为，巨人的失败不是史玉柱一个人造成的，团队所有人都是有责任的。她说："他说要修70层，可我们所有人都没反对呀。再说他这么偏执的一个人，要是不经历点挫折，后面怎么可能走得顺呢?"

刘伟以她女性的视角评价史玉柱的功与过，优点和缺点，她平和中庸的处事方式和史玉柱的大胆激进形成了良好的互补。

在史玉柱最困难的时期，程晨陪他攀登珠穆朗玛峰，而刘伟直到 2000 年还没有重新回到巨人。

2000 年春节，史玉柱想到了刘伟，邀请她出山继续跟着自己干。几次相请，刘伟被打动了。其实，此刻刘伟正和爱人在珠海经营一家服装公司，但由于史玉柱的盛情邀请，她放弃了自己的公司，来到上海，协助史玉柱管理销售和市场。

从此，刘伟成了史玉柱的"四大金刚"之一，她每天跟史玉柱一起吃盒饭、住在租下来的临时住所，奔波于上海和珠海两地。她把爱人和 5 岁的儿子扔在珠海，为了事业，她牺牲了家庭的天伦之乐。

2002 年，同样是"四大金刚"之一、任上海健特总经理的陈国因车祸丧生，此后，史玉柱把重担交给了刘伟。

刘伟是知性美女，洋溢着女性的温婉、平和、母性的光辉。她和费拥军都认为史玉柱是"不会公关的孩子"。刘伟说："他说话特别直，有时候也不管人家能不能接受，在这些方面我们会相互配合一下。再加上他脸皮薄，有些话说不出口，这个时候我就必须得说了。"

刘伟主动当"黑脸"，在公关问题上给了史玉柱莫大的支持。如果史玉柱没有像刘伟这样的帮手为巨人的事业努力拼搏，凭他自己一个人单打独斗，也不可能取得今天的成绩。

刘伟跟随史玉柱，不但南征北战，而且在巨人出现危机的时候，也是他身边不可缺少的帮手。

2002年3月14日，《脑白金真相调查》刊登在《南方周末》上，引起震动。在这篇文章还没有发表之前，史玉柱就带着刘伟一起见了《南方周末》的主编，希望稿件不要登报。虽然报社拒绝了他们的请求，但他们做的辩解也出现在报纸上。

史玉柱是偏执型的人，而刘伟恰恰很理性。

比如2008年2月，巨人做季报，刘伟就和史玉柱产生了争执。史玉柱认为公司网游没有人均消费过高的问题，可以公开数据说明这一点。而刘伟认为其他公司没有这样的先例，所以不宜公开。最后刘伟略胜一筹。

史玉柱后来很不甘心地对记者说，其实像这样的争辩有60％是刘伟妥协。刘伟则开玩笑说，自己不守规则心里就难受，天生要守规矩。但史玉柱是个天生要打破既定规则束缚的人，她说，"万一哪天咱俩意见老能一致就坏了。"二人性格上的相辅相成，在一定程度上铸就了史玉柱，也铸就了巨人。

执著捍卫者

在外界传言的史玉柱的"红颜知己"里，除了刘伟，更出名的应该是程晨。

程晨个性格开朗，喜欢说笑，对人很和气，跟史玉柱既不是亲戚也不是故交。1995年6月，刚满20岁的她毕业于南京国际关系学院，面前有很多选择。

她父亲是期货经纪公司老板，她完全可以去父亲的公司任职。但她继承了父亲敢打敢拼的性格，没有选择这条平坦之路，而是去了史玉柱的巨人集团。

后来，她做了巨人集团副总裁。

程晨被巨人录用的 1995 年，正是巨人如日中天的时期，营业额超过 10 亿元，包括脑黄金在内的 12 种保健品投放市场，巨人大厦也破土动工，史玉柱本人被列为福布斯大陆富豪第 8 位。

程晨到巨人集团江苏分公司报到时，把材料拿到楼下去复印，复印社老板看到她手里拿着巨人集团的文件，竟大叫："你是巨人的呀！"

当时巨人名声在外，大家都不敢轻视，这给了程晨足够的自豪感和满足感，让她干劲十足。她刚来的时候是一个促销员，3 个月试用期过后，转为正式业务员，半年后就升职为业务主管。

搞销售的人需要勤奋上进，善于交际和沟通，这正是程晨具备的素质。上班时间之内，她和同事们一样跑业务，下班后还在与客户联络感情。富二代的娇气在她身上一点没有显现，而且无论她在什么区域经销，都能把业绩提高上来。

她真正进入史玉柱的视线，是 1996 年 3 月。史玉柱作为巨人集团的领导者，当然需要像程晨这样能干的人才为自己开疆扩土。当时，史玉柱带领公司高层到江苏做销售情况检查，正赶上南京公司经理的职位无人担当，只有 21 岁的程晨临危受命。

不过，她心里也没底，因为南京公司的销售业绩并不好，排在全国倒数第 10 名。史玉柱脾气火爆，雷厉风行，在这个节骨眼上，对下面人的要求也就十分苛刻。

那天晚上，公司召开紧急会议，程晨第一次与史玉柱面对面沟通。史玉柱劈头盖脸便问："你准备用多久来改变这个情况？"

程晨回答："一个星期。"

瞬间，会议室里发出一片哄笑声，史玉柱也笑了，他感到这个小姑娘是初生牛犊不怕虎。不过，他不能责怪程晨口出狂言，尽管他知道程晨缺乏经验，但他相信有此决心的程晨一定把销售业绩搞上去。

两个月后，在程晨的带领下，南京公司业绩上升到全国前十的行列；三个月后，高居全国第一！

这就是这个小姑娘的能量！

史玉柱很快看到了程晨的能力，也给她机会让她实现了人生的第一个目标：在一家公司做类似办公室主任的职位。

搞销售的日子锻炼了程晨做事脚踏实地的性格，她学会了勤奋、自立、坚韧。半年后，她凭借出色的销售业绩被调到巨人珠海总部，做了史玉柱的行政助理。

然而，事情的进展不像她想象得那么顺利。此时没有了销售成绩激励她，她每天要做的就是狼狈而例行公事地跟着史玉柱见客户、开会、整理文档。虽然担任行政助理的职位，但程晨学校的课程里没有电脑这一科目，她不会办公自动化，甚至连用电脑打字都不会。史玉柱脾气不好，她被史玉柱骂过"无能"，也被摔过杯子。对于史玉柱的暴躁表现，程晨很理解，因为这一时期，正是巨人集团面临危机的特殊时期。

1997 年 1 月 16 日，程晨跟随史玉柱到黄山脚下的太平镇，同行的还有 30 多名核心管理人员。这场"批评与自我批评"的内部会议，让程晨看到了史玉柱个性中自我折磨的一面。下午 4 点多，她接到珠海那边的电话，要把一份重要文件传过来马上给史玉柱看。

纸从传真机里刚吐出来，程晨便看到"巨人史玉柱身陷重围"几个大字，巨人危机终于被深圳《投资导报》捅破了窗户纸。

从此，程晨职业生涯中最忙乱、最艰难、最富有挑战性的日子到来了。她已不单纯是一个行政助理那么简单，而是成为跟史玉柱共度难关的中流砥柱。

1997 年春节过后，程晨开始处理一系列危急事件：抵押、躲债、借款、合作，有些事情甚至来不及汇报给史玉柱，只能由她自己来做决定。后来她回忆说，她学会了把事情分类，先处理最紧急、最重要的事，然后再去做紧急的事，最后做重要但不紧急的事。

程晨不但是史玉柱的员工，而且曾向父亲借过 10 万美元帮助史玉柱解公司的燃眉之急。因此从某种角度来讲，他们更像是铁哥们，是一起战斗过的"革命"同志。

她说："那时候很多员工都帮过公司，我也跟父亲说，能不能帮公司一把。"

她对史玉柱提供的帮助，史玉柱是不会忘记的。后来，她成了一直跟随史玉柱的"四个火枪手"之一。

1998 年 6 月，史玉柱筹到了 50 万元启动资金，程晨便跟随他和另外一些人来到江阴和无锡，开始准备启动脑白金市场。为了不让借来的钱打水漂，程晨跟着史玉柱每天到农村市场和消费者做面对面交流，搞产品调查和推销。一个月下来，公司账面余额多出 15 万元，史玉柱看到了希望。

后来，在程晨的主动要求之下，史玉柱同意她拿着 25 万元到南京做市场。这是她无比熟悉的家乡，结合她的营销天赋，她迅速打开了南京市场。仅用一个月时间，她就赚回了 23 万元，第二个月赚回 50 万元，第三个月 100 万元。

程晨协助史玉柱取得的优异销售成绩，使得整个巨人集团群情振奋，老员工纷纷表示要回来。脑白金开始像滚雪球一样，慢慢做大起来。

成功地做成了江苏市场，程晨又受命到上海市场开拓业绩。在上海的一年，她创造出 1 亿元的销量，她也由此成为史玉柱最器重的左膀右臂之一。2002 年以后，程晨升任为巨人集团常务副总裁，全面负责公司的品牌管理和战略规划。

在史玉柱麾下风风火火打拼了 10 年，程晨可谓经历了生死沉浮。她需要静下心来考虑自己的定位了。她说："我曾经自我膨胀，认为自己什么事都能干，把史玉柱身上的优点缺点都放到自己身上，没有做筛选。现在，我希望自己成为一个有人格魅力的人，而不只是事业成功的人。"

程晨很像史玉柱的影子，有着史玉柱那样高歌猛进、奋力拼杀的个性。她在取得了一个女人所能取得的一切事业成就之后，开始向更高的精神领域迈进。

在一次巨人召开新年联欢会时，程晨在员工们的邀请下，给大家讲史玉柱的故事。她开始娓娓道来，跟大家叙述史玉柱发小孩子脾气的故事，困难时候的故事以及她陪伴史玉柱在西藏九死一生的故事。

有人问过她，为什么当时没有离开史玉柱，离开已经土崩瓦解的巨人？她的回答很简单："可能就是不甘心，可能就是充满热情。"她的确是史玉柱的复制品，或者史玉柱性格的女性映射。他们的心中一样有创业之火在熊熊燃烧。这样两个对事业成功的狂热追求者，没有理由不携手并肩为共同目标努力奋斗。

程晨凭借对史玉柱、对巨人执著的热情和信任，跟随史玉柱一路走到现在。

20岁时，程晨曾聆听史玉柱讲"夸父追日"的故事。现实中的史玉柱就是那个追日的夸父，他被执著信念驱动而从失败的阴霾中爬起来。就是这种意志力一直鼓舞着程晨的斗志，催促她跟自己具备同样素质的创业先锋一道，把巨人神话的核心精神演绎到极致。

史玉柱的话一直在她耳边回响：巨人神话是一群年轻人执著追求选择的事业并为这种追求不顾一切的拼搏精神，是追逐太阳的精神。

程晨跟随史玉柱的这些年，亲历目睹了这种精神让一个知识分子变成市场经济风口浪尖上叱咤风云的弄潮儿，让欠了两亿多元的中国首负再次披荆斩棘，成为呼风唤雨的新财富领军人物。

程晨，是改革开放后迎着市场经济风潮成长起来的年轻一代，最终成为巨人神话忠实的追随者和最坚定的捍卫者。她具备跟史玉柱一样的个性，永不疲倦、永不满足，把自力更生者视作英雄，重视结果的同时一样重视过程。在她的意识里，"史玉柱神话"的继续或消亡，已不是史玉柱一个人的事情，而是整个团队的理想，是一代人的共同追求和愿望。

忠诚后盾

程晨可以被称为"富二代"，但她干事业的恒心和毅力，一点不次于那些白手起家的创业者。在她初到巨人集团的那段时间，有一个商场客户，一年多都不给巨人结款。程晨接手这个任务后，从来不跟这个客户谈结款的问题，而是下班后帮她接小孩。后来客户自己不好意思了，主动结清了所有欠款。

程晨善于抓住人的心理，这令她很快成了公司的销售能手，得到一次又一次升职的机会。她不但做事有办法，工作起来也有方法。比如她和史玉柱初次见面的南京紧急会议前，史玉柱由于脾气火爆，并处于困境，对南京分公司的业绩很不满意，甚至大发雷霆，给南京公司打了个零分。程晨刚刚接手，却立下军令状，这就给史玉柱留下了难忘的第一印象。

史玉柱走后，她先是着手整理了南京地区的客户关系，重要客户全部自己负责；然后参与从卸货到结款的各个业务环节。另外，她还在接收总公司每个月底发来的业绩表时，让所有业务员都到传真机前面集合，亲眼看一看自己的成绩。

通过对业务员的激励，和自己对各方面工作的亲自把关，她仅用了 3 个月就成功地实现了对史玉柱的诺言。

程晨虽然有个能干的父亲，但童年时代的生活却并不如意。她爷爷早年曾被定性为"反革命"，被关在牢里长达 20 年。在她小学四年级之前，她都不知道自己还有个爷爷。这样的家庭成分，在过去是要被人看不起的。因此她的父母都小心谨慎，低头做人。而最初，她的父母都只是在工厂里做普通工人。

程晨的童年没有玩具，也没有色彩。她每天坐在母亲的自行车上，被送到一个离家很远的幼儿园，跟一群男孩子蹲在地上和泥玩。所以，严格来讲，她并不是真正意义上的"富二代"，她父亲有钱，也是以后的事情。在这样的家庭成长起来的程晨，学会了勤奋、自立、坚韧和踏踏实实。

史玉柱给了像程晨这样能干的年轻人机会。在巨人，大学毕业生是主流，25 岁的副总和 23 岁的部门主管司空见惯。史玉柱有一句名言，"林彪 20 当军长"，在他看来，没有出现年轻将军的原因并非年轻人没能力，而是没机会。

90 年代中期，能说出这番话的人一定是有很强的超前意识的。史玉柱敢作敢为，是程晨心中的榜样，同时也是带给她磨练和挑战的人。

刚到珠海时，她并不习惯这里的生活，很想南京，也很想家。她不喜欢广东这种以自我为中心的自私文化。

有一次，她把会议纪要拿给史玉柱看，他开玩笑地说："这次打字还挺快的嘛。"她感觉领导不是在鼓励她，好像是瞧不起她。史玉柱擅长电脑编程，而程晨连打字都不会，一种自卑的情绪从她的脸上流露出来，她跟史玉柱提出要回南京。

史玉柱看出程晨不高兴了，知道她自尊心很强，便拿出"家庭式管理"的方法，安慰程晨说："从今天起，你喊我史叔叔吧，这样你会有家的感觉。"然后，史玉柱又让她写了一个成长计划，为她的人生重新定位、重新设计。

程晨回忆说："我可以设计自己的人生了，而史玉柱给了我舞台。"

等她决定留下来后，就一直站在史玉柱身边没有离开过。在她眼里，当时在巨人集团，所有员工都对史玉柱有一种"盲目"崇拜。他的光环，加上他的言出必行，得到公司员工的信任，也得到了程晨的忠实拥护。

然而从 1996 年下半年开始，集团的会议成了家常便饭，最初还是事务性质的，后来就变成资金协调会和还款计划会。缓发员工工资和暂停报销的情况让程晨感到事态的严重，她知道，巨人大厦的建设随时可能导致公司资金链断裂。

1997 年黄山会议时，史玉柱已经有机会争取到一笔贷款，然而媒体的曝光让所有计划夭折了。

那天，程晨记得史玉柱在会议最后展开自我批评，提了自己的三个错误：一是决策过程不科学；二是急功近利，带领公司搞"大跃进"；三是不尊重员工的意见。

其实，"大跃进"是史玉柱被逼上梁山的做法。然而情势不可逆转，程晨看着 1997 年春节前后，一万名员工被遣散的情景，心中真有些悲凉的感觉。留下来的 30 多人都不愿意离开，在一起同吃同住，谁也不相信史玉柱会就此倒下，巨人会就此倒下。

这个时期，史玉柱还是经常收到来信，但是程晨发现，每天收到的信中，史玉柱不再是众人求爱的对象，除了寻求合作的，就是鼓励他别趴下的。有一封来信是浙江大学四个大学生联名写给史玉柱的，恳求他不能倒，他是这一代人的偶像，如果他倒了，会辜负一代人。

程晨把这封信给史玉柱和其他员工看，所有人都哭了。

当史玉柱成为全国负债最多的人时，程晨没有离开巨人。当她把从家里筹到的 10 万美元交到史玉柱手中时，史玉柱痛定思痛地对她说："谁也救不了巨人，我们只能自己救自己。"

那时的程晨需要帮助史玉柱完成任务，根本没时间想离不离开的事情。而且史玉柱也没说要放弃，她就一心想挺过去。就在这时，史玉柱跟他们明确了两件事，一是欠债必须还钱，二是以后要做自己擅长的事情，回到 IT 和保健品这两大块上来。

程晨在上海开拓脑白金市场时，公司还没有在上海注册分公司，工商部门几次查抄了她的办公室。第一次被查抄时，她简直懵了，跟着工商局的人去工商所接受调查，路上便接到史玉柱打来的电话，责骂她没有做好上海的广告，这下她更不敢向史玉柱汇报当时的情况了。到了工商所，她大哭起来，因为心里太委屈，实在忍不住了。

工商所里的人看到这个小姑娘哭得这么伤心，便跟她聊起了家常。程晨向他们讲史玉柱创业的故事，讲巨人要还债的事情。这些干事们听了，最后都当起了程晨的叔叔阿姨，没有再为难她。

此事后来传到史玉柱耳朵里，以后每当公司遇到类似的事情，他就会开玩笑说："你们去哭呀，像程晨一样去哭呀。"

程晨并不是演员，也不是在演戏。她只是有智慧，而且让智慧和情感恰如其分地结合在一起，便起到以情动人的效果，帮助自己渡过一个又一个难关。

后来程晨在分析巨人东山再起的原因时说，巨人倒下使他们交了上亿元的学费，但也换来很多经验教训，再加上第二次创业的激情，才激励着大家勇往直前，奋力拼搏。

如果说 20 岁的程晨对史玉柱是"发烧友"式的追星族，那么后来的她便能更客观地对史玉柱作出评价。她说，史玉柱有人格魅力，但优点和缺点一样突出。她时常劝史玉柱，"你不用把一个目标的实现时间压缩到 10 年，你可以用 30 年从容去做，这样会更平和，更踏实，更顺畅。"

史玉柱身边有这样一个出色、能干的女人，不免引来很多人的好奇。

捕风捉影也好，好奇心驱使也罢，总之网络上开始盛传，程晨是史玉柱的老婆。无论这个小道消息是否属实，有一点不容置疑，即史玉柱背后的确有一个女人，在他事业成功的道路上扮演了重要的角色，她就是程晨，是巨人传奇中不可或缺的女人。

程晨非常随和，每次出去都有人问她是不是空姐、护士或者幼儿园老师，没有一个人认为她是一家上市公司的副总。每次司机送她去见经销商，只要她和司机并排走，人家肯定先去跟司机握手。不过她认为这样很好，可以一下子拉近同经销商的距离。

对于当初为什么能借给史玉柱10万美元这个话题，后来程晨自己都觉得不可思议。她上大学时是学生会干部，非常活跃，被同学们认定为是跳槽型的人，然而她在巨人一干就是十几二十年。

初到巨人时，她感觉公司的氛围非常适合自己，从没想过要离开。从做业务员的800元月工资，到行政助理的4000元至5000元，一直到八九千元，后来又跳水似的回到原来的800元，大家因为有心里想要的公司氛围，对钱方面都不太在乎，觉得自己好像是在跟公司一起成长，是成长中的感觉。

她还记得初到珠海总部做行政助理时史玉柱对她说过的话：公司只是提供给你一个舞台，这个舞台有多大，需要你自己去创造。你如果想做更多的事情，就会自己主动去找事情做。

他们都是做事的人，都充满了热情和干劲。而程晨还具有女人敏锐的直觉和洞察力。按她自己的话说，男人是山，女人是河，但她觉得自己是云彩，翻手为云，覆手为雨，这也许是对她干事业和营销能力的一点概括吧。

第七章

网游路， 踏征途

瞄准网游

史玉柱搞网游，纯粹是"爱好"使然。他自称是一个骨灰级玩家，酷爱网络游戏的他，晚上经常熬夜玩，白天困了就睡觉。他对游戏的喜爱，使他萌生了自己开发游戏的念头，并由此将网游作为一项新事业。

在盛大的陈天桥凭借《传奇》大发横财之后，史玉柱敏锐的市场嗅觉再次受到刺激。他感觉，游戏行业可以将他的财富圈扩展到比保健品更广阔的领域。

2004年，他的新事业有了实现的可能。因为盛大集团有一个搞网络游戏研发的团队不想在盛大干了，希望另谋高就，他们当时正在和台湾的一家公司商谈。史玉柱听说后，喜出望外。他二话不说，马上邀请这个团队的成员见面。

这次见面，给史玉柱带来了投资网游的契机。

通过和此团队成员的交谈、讨论，史玉柱决定再度投资 IT 产业，做回自己的老本行。

当然，此时的他变得比以前更加谨慎，他不容许自己再失败。他反复地问自己，有几成把握成功？如果失败，可能是什么引起的？留不住技术人员、或者产品质量不好……他自问自答，默默思忖，把问题和解决方案都一一罗列在纸上，摆在自己眼前。

渐渐地，他感到胸有成竹了。

—— 在正式操作之前，他仍然需要做详细的市场调查，这是解决问题的根本和关键。在做保健品生意时，他就把消费者研究了个通透，也因此尝到了甜头。此刻，他是不会轻易把钱砸进去的，除非十分了解市场，有必胜的把握。

他研究保健品消费者时，可谓大费周章，因为需要亲自下去调研、访谈；但眼下不必这样了，他自己就是一个游戏玩家，可以很方便地同其他玩家交流。

在与很多玩家深入交流之后，史玉柱发现，网游的潜在市场和保健品一样，还是农村最大，依次减少，越到城市越成为金字塔顶端，市场开始萎缩。

于是，他如鱼得水般地把自己玩游戏的心得和经销保健品的推广经验结合起来，产生合力，这让他断言：网游新产品肯定能卖出去！

他制定了全面的营销策略，组建了 2000 人的营销队伍，覆盖全国 1800 个乡镇，这还不算，他再次把军事术语应用到网游的团队建设上来，把打广告比喻成"空军"，营销人员比喻成"陆军"，两方面需要相互配合才能把仗打赢。就这样，他先是在农村推销自己的新游戏——《征途》，只进免费的网吧，收钱的免谈。

此时的史玉柱，已经把投资安全放在了第一位。他学会了尽量少承担风险，或让合作伙伴帮助承担一部分风险。

史玉柱的营销天赋再次派上了用场。他为了争取网吧老板的支持和合作，定期举行"包机"优惠，即定期把全国农村5万个网吧的机器全部包下来，这样一来，到网吧上网的小青年们便只能玩《征途》这一款游戏。这一活动，使得史玉柱需要每月给网吧老板支付上百万的费用，而且这些小老板们还可以通过卖《征途》游戏点卡得到10%的提成，这样的好事有谁会拒绝呢？所以他们都很愿意跟史玉柱合作。

史玉柱甚至把股市的做法搬到了游戏领域。每个玩家如果一个月内在线时间超过120个小时，就可以得到价值100元的虚拟币工资奖励。虽然不是现金，但可以卖给其他玩家以变现。

《征途》营销模式的不走常规、花样翻新，使得同时在线人数很快达到了100万，在2007年成功跻身世界前三款同时在线人数超过100万的网游。

《征途》的成功，不可能不遭到同行的嫉妒和谴责，但史玉柱仍然大胆创新，毫不理会外人的非议。国家规定，网游是不能在电视上打广告的，史玉柱却偏要为自己的企业形象加分。他在中央电视台为巨人网络做了形象广告而不是产品广告，可以说是钻了一点"空子"，不过他的做法并不违反法律，也不会让他惹上什么麻烦。相反，企业的知名度一下得到了提高。

史玉柱知道，很多游戏迷同时也是体育迷，因此，除了在中央一台打广告之外，还在第五套体育频道有大量的广告投入，总计在2000万元左右，真是不惜血本做宣传。

史玉柱寄希望于扭转网游在大多数人心目中的"不健康"形象，因而选择在亚运会期间大打形象广告，他觉得此举有助于提高企业知名度，让大家意识到网游也是一种跟体育一样的健康娱乐方式。

他把《征途》的受众定位在18岁—35岁之间的白领阶层，显然比较低龄化，这跟年青一代对网络的熟悉程度有关。毕竟年龄大一些的人对网络的接受度不如新生代。

当时，营销团队归刘伟等领班，可《征途》的营销模式、手法和游戏开发的各个细节，都是由史玉柱一手掌控的。他超前的思维方式和创新能力，使得这款游戏成了网游行业的搅局者。

网游，令史玉柱在福布斯编辑的笔下成了一个具有传奇色彩的中国富翁。2008年，他由于在网游行业赚取了巨额财富而位列全球互联网富豪第7位，马化腾、李彦宏、马云和丁磊都排在他后面。

但网络游戏毕竟会让很多青少年沉迷其中无法自拔，所以这次"史大嘴巴"还是难免遭受非议。只是，他对此已经不在乎了，甚至说如果还有谁想骂他，他会帮着骂人的人一起骂自己。他知道，过分在意别人对自己的看法，就会被舆论的声音压得喘不过气来。他早就习惯了做公众人物，包括有人用他的名字杜撰过一本爱情小说，这种事情他都司空见惯了。

他一度被称为民族网游产业的旗手，被新浪邀请参加访谈节目来阐述中国国产网游产品的发展方向等话题。

一件事物的优劣，关键是从什么角度去审视。如果从国产网游和国外网游竞争的角度去分析，凭什么中国的网游市场被国外游戏占据？中国人就不能发明出更多的民族游戏吗？

史玉柱以前是中国民营高科技企业的总裁，经常获得 IT 行业的各种奖项。这些奖项一度与他无缘。但此刻，因为网游，他又有机会重温当年的获奖时刻，他也感到很意外。他经营保健品 10 年，销量全国第一，却一个奖都没得过。进入网游行业只一年的功夫，就得了一个奖，这让他觉得 IT 行业是个值得拼搏的战场。

在他做客新浪时，主持人表示，很多熟人和《征途》的游戏玩家都想趁着这个机会问他要点装备和银子花花。他立刻表示，这款游戏在开发的时候，就把这条路给堵死了。也就是说，《征途》没办法给装备或制造装备，也不可能给玩家发银子。

很多玩家听到"老大"这么说，颇感失望。又有网友问他，对给网游在央视打广告的问题怎么看。史玉柱还是认为，做企业的人打广告首先是要让观众记得住，给人留下深刻印象。对大家的质疑，他也给出了解释：既然烟草企业都能做形象广告，网游企业怕什么？网游恐怕比烟草的形象还好一些。

对于网游行业，前期是通过免费的策略刺激市场的增长，但是随着时间的推移，过去奏效的方法不会永远适用。当市场趋于饱和，就需要有新的方法出台来继续维持行业的增长。史玉柱对外宣布，业内人士都在思考新的商业模式究竟是什么，是同社区网站相结合，还是 Web 的发展？

然而，网游行业说到底最关心的还是未成年人对游戏的沉迷问题。在这点上，史玉柱事先已经考虑得很周全了。

为了防止未成年人进入《征途》这款游戏，根本就不允许未成年人注册。他表示，如果在赚钱和未成年人保护之间选择的话，网游行业一定会倒向未成年人。毕竟，好的网络游戏大家都会喜欢，但是青少年心智不成熟，如果没有一个好的家庭氛围，就会沉迷网游，把全部精力都投入到网游中去，对他们的身心发展极其不利。

做网游行业跟做很多其他行业一样，似乎都是在打法律和道德的"擦边球"。对于这一点，史玉柱的想法是：希望政府和有关部门能同企业合作，以挽回游戏公司的公众形象。

用心拉团队

事实上，史玉柱在 2004 年投资做网游之前，曾问过别人，现在投资网游还来得及吗？他咨询了很多人，包括专家和主管部门领导之类。最后，大家的看法基本倾向于肯定网游在今后很长一段时间内的增长态势。随着人们生活水平的提高，大家开始追求丰富的精神生活，网游成了很多人的最爱。

在史玉柱投资做网游之前，移动游戏还没发展到今天的程度。他那时什么都不缺，团队、运营资金，样样俱全。不过，跟国内很多 IT 行业的大公司一样，他缺少开发团队。

新浪的汪延向他透露，新浪也是由于缺乏开发团队才没做网游。看来，很多公司都盯上了这块肥肉，却苦于没有好的网游开发人才而束手无策，坐失良机。

基于此，网游这个梦想一直被史玉柱埋在心底，他一直苦苦寻找解决这一问题的办法。直到 2004 年，他苦等的机会来了。

后为史玉柱打造出《征途》的团队，原在盛大开发《英雄时代》

这款游戏，不过团队在理念上同盛大公司管理层产生严重分歧，后来双方经过屡次协商后未果，此团队才决定集体跳槽到另一个企业去。

所以，《英雄时代》夭折了，可他们却协助史玉柱完成了《征途》的开发。这实在是史玉柱的"福气"。

史玉柱把这个团队集体拉进巨人之后，开始研究每个成员的特点，根据他们不同的特长分配不同的工作。研发工作开始之后，主要任务有两大块，创意设计由史玉柱亲自主导，不经过他的同意，一切功能和活动都不算过关；团队则负责程序设计和测试。

史玉柱在这一过程中，最重视的就是保密工作。他要求团队成员严守口风，不能将游戏研发的进度透露给外界。那一段时间，研发人员不能接触互联网，不能用手机打电话，也不能以任何其他方式保持跟外界的联系，基本处于"闭关"状态，特别像马云当年的"淘宝团队"——一切都在秘密中进行。

史玉柱虽然接触网游团队的时间不长，可也深知其中的"难点"，他清楚网游开发人员的管理常常是令各大互联网公司非常头疼的难题。因为这些年轻人一般都心高气傲，大有"雄鹰展翅恨天低"的气势。那么，史玉柱是如何协调同他们之间的关系的呢？很简单，他把脑白金的团队管理经验应用到了游戏开发团队上。

钱的问题，始终都是人才管理的核心问题。对于这一点，史玉柱的做法是，高级技术人才可以越级获得高工资、高回报。即使不是公司高管层的成员，也一样可以享受高薪待遇。为此，他把《征途》研发团队的工资标准定得比行业一般水平高很多。

可以说，这个最早的团队的成员都尝到了甜头，后来的《征途》

研发人员的待遇就比不上他们了。

　　当然，单靠高工资的激励还不够，还需要让团队有很强的执行力，才能顺利完成工作目标。史玉柱把脑白金的执行经验也一并应用到这个开发团队上：决定一旦做出，就必须立即执行，不能拖泥带水。

　　值得注意的是，史玉柱虽然肯付出高工资挽留人才，但并不意味着人才可以在公司里为所欲为。相反，他对研发团队人员管理的严格程度，丝毫不逊于对其他人员的管理。按他的思路，研发团队的管理必须规范到位，否则战斗力不强。

　　这个团队，既然能和盛大的管理层产生分歧，就一样能同史玉柱产生分歧。

　　游戏开发是创意性工作，观点上的不同在所难免。每当发生观点交锋时，史玉柱都不会独断专行，凭自己的特权来压制团队成员的想法。相反，他会召开会议对分歧进行广泛的讨论。他本人不但与团队进行讨论，还把更多的人拉进来发表观点。这种类似于研讨会的分歧解决模式，让史玉柱和团队成员都受益匪浅，这促成了《征途》的最终推出。

　　通过这样的方式，史玉柱成功地调动起了团队成员的积极性。本来这个团队在盛大搞《英雄时代》时，有好多富有创意的新观点新方法，但都没有被盛大管理层采用。不消说，盛大在创新的问题上，大概更多地"压制"了他们的想法，没有适时地鼓励创新，才让开发人员觉得才能无法施展。

　　史玉柱则恰好相反。他帮助开发人员把他们的想法变为现实，最大程度地激发他们的潜能。

对于技术型人才，除了高工资、高待遇和充分尊重他们的想法之外，对他们精神世界的理解和体恤也非常重要。在研发团队频繁跳槽、网游行业研发人员紧俏的年代，史玉柱成功的团队管理法，引发了许多业内人士的好奇心。

其实，他只不过是通过玩游戏的方式达到跟团队成员沟通的最佳效果而已。团队工作到午夜，他就陪着他们不睡觉，如果发现游戏中存在问题，就给他们打电话提出自己的观点。这种沟通方式，使技术人员把他当成了志同道合的战友，让他们对史玉柱的个人魅力心悦诚服，自然就对巨人集团多了一层情感上的认同。显而易见，史玉柱更多的是以"将心比心"的方式搞定团队的。

别样"规则"

有人说，史玉柱的脑黄金、脑白金卖的是健康；黄金搭档卖的是聪明；而《征途》卖的则是欲望和权力。

作为资深游戏玩家，史玉柱搞《征途》不用像脑白金那样做市场调查，他明白游戏给玩家带来的种种欲望的满足感。

在《征途》的营销渠道问题上，他显示出一贯的大手笔，要在3年内把《征途》的营销队伍人数扩充到2万人，这样一来，对二三线城市网游市场份额抢夺战的胜利将指日可待。他有脑白金留下来的巨型团队，这是他重点选拔、精心培养的一支部队。他采取"农村包围城市"的战略，对大众进行最大限度的宣传鼓动。这支队伍，也从一开始的2000人，迅速扩大到每月以300人的速度递增的规模。

《征途》，是史玉柱进入网游市场的探测器。当他敲击着键盘，进入办公室里19英寸液晶显示器显示的《征途》网络游戏时，内心有一丝兴奋。这是他玩过的第五款网络游戏，也是他自己打造的首款网游。

《征途》，为史玉柱创造了巨大的财富源泉。据上海市广电局统计资料表明，2006年，《征途》创造的营业额为6.26亿元；2007年，随着营销的进一步深入，1.6亿元的月运营收入已经不再是梦。

他当着《第一财经日报》记者的面，把鼠标指向一个按钮，点击，画面中的自己立刻坐上一匹大马，在城中四处巡视，像将军一样威武。他对记者说，他不是在玩，而是为了挑毛病。

史玉柱再一次创造了人们眼中的财富神话，也再一次迎来褒贬不一的各色评价。有人质问：《征途》真的能给人带来无尽的权力理想的实现？恐怕又是史玉柱和他的团队在推销概念吧？而且是向最底层民众做推销，让信息最不对称的他们成为他又一个营销策略成功的奠基石。底层人被描绘成最缺乏理性思维，人数最庞大，也最容易被宣传所蛊惑的人群。这样的说法，似乎在说，史玉柱的成功是靠着这些底层民众的支持才可以延续的。

孰是孰非暂且不论，但史玉柱的确又成功了一次。

2005年，他向外界宣布，他已就任"征途"董事长。他眼里闪出不易察觉的光芒，转瞬即逝。他说："无所谓名人效应，产品好才是最关键的，我们的玩家不会管游戏是谁做的。"

经历过失败的成功企业家，都会像他这样把消费者摆在第一位。他们知道，消费者认可，产品才可能卖出去，才会赚到钱。

有人说，史玉柱善于揣摩玩家的心理，所以提出这样的策略：

给玩家发工资。先告诉他们如果玩这款游戏会得到什么好处，譬如发工资或送红包等。人人都有爱占便宜的心理，这种营销手段让玩家感觉不但可以玩，而且可以获利。因此，他们就会投入金钱和时间，以期得到更大的回报。而史玉柱办公司不可能不以追逐利润为第一目的，但他发的"工资"绝不会超过玩家们投入的钱。

故此有人评价，史玉柱是"虚拟经济中的上帝"。

正像马云的阿里巴巴和淘宝，马化腾的 QQ，李彦宏的百度贴吧一样，史玉柱这次也同消费者玩起了"免费"的把戏。他在上海征途网络科技有限公司的网站上宣布，这款游戏将永久免费。

不过，有的玩家是这样反映的：在《征途》这款游戏里，一切都是为了装备，有装备是为了杀人，一切装备都要用钱来买，所以玩家没钱不行，没钱在游戏世界里吃不开。

游戏世界是现实世界的一个翻版，把现实世界的残酷带到游戏中，让玩家品尝现实世界的酸甜苦辣，体会"有钱男子汉，没钱汉子难"的处境，这也许是很多游戏的普遍玩法。史玉柱在现实世界里吃得开，在游戏世界里亦是如此。

但并不是所有人都像他那样吃得开，所以，他想到了免费的办法来迎合一部分游戏迷的需求。

原本，史玉柱是想用免费的办法吸引更多的关注，但由于公司推迟了《征途》的内测时间，盛大的陈天桥抢先一步，比征途公司提早宣布网游免费的消息，这着实让史玉柱碰了一鼻子灰。

"免费"，是史玉柱早就想好的奇谋，然而"既生瑜，何生亮"，他除了无可奈何之外，没有其他办法。

不知情的门外汉不禁要问了，"永久免费"何以赚钱呢？史玉柱的回答是：养 100 个人陪 1 个人玩。他的意思是，让 1% 的有钱人花钱玩，但是这些有钱人自己玩没什么意思，要其他人陪着有钱人一起玩才有趣。这些陪玩的人，不用花钱就可以玩。

这应该是个两全其美的办法。

事实证明，在虚拟世界里，这是绝对行得通的。游戏中的很多玩家是南方改革开放前沿阵地小镇上的年轻人，或者可以称为"富二代"。开工厂的父亲，已经把业务扩展到海外，少爷们不用出去赚钱，待在家里闲来无事，几百万元的小楼空空荡荡，几十万元的车子也不能激发他们对生活的兴趣。他们有工作，但是不用上班，一个月尚有两三千元的赚头。而且，银行账户上还有父母每月源源不断寄来的钱。在这样的情况下，他们大多在虚拟世界中求得心灵慰藉。因此，史玉柱的模式是"赚有钱人的钱"。

中国的有钱人越来越多了，有钱人寻求刺激，寻找心理的满足。可是，如果只是几个有钱人一起纠缠厮杀，即使装备再精良，也一样缺乏趣味性。如此，"穷人"就需要加入游戏的行列，帮助史玉柱赚有钱人的钱，而他们可以免费玩游戏，这岂不美哉？

此刻，史玉柱搞汉卡研发时的劲头派上了用场，本来打算用宣布"免费"迎来的"开门红"被陈天桥搅合了，他只能把全部希望都寄托在《征途》的品质上。他对自己的得意之作充满了殷切的期望，他追求完美，容不得一点瑕疵，经过反复揣摩修改后，终于对外透露："已经挑出了 3000 多个问题，在四个大方向上做出了重大调整，最新版本将在本月 29 日（2008 年 5 月）放出。"

史玉柱是研发能手，又是游戏迷，两种特质结合在一起，产生 1＋1＞2 的效果。他设想中的《征途》游戏玩家只包括上面介绍的两类人，一类是有钱人，眼睛都不眨一下，就可以花几万元买一套虚拟装备。他不只一次对别人讲过自己玩《传奇》时一掷千金的情形，这给了他发明《征途》游戏商业模式的灵感。

另一类人则是基本没有经济来源的学生、城镇里无所事事的待业青年，他们没有多少钱，又不知该怎样打发时间。他们一听有免费游戏可以玩，而且还发工资，自然觉得有"大便宜"，于是蜂拥而至。

当然，好的盈利模式也必须同好的游戏品质相结合，才能产生不错的经济效益。在《征途》研发过程中，处处可见史玉柱的影子。他是项目组的成员之一，负责挑毛病，这一过程把他锻炼成超级网游玩家兼专家。虽然他认为自己的团队是能找到的最好的网游开发团队，对他们既放心又放手，但他同时也承认，自己对网游的追求给这款游戏施加了种种影响。

有人把史玉柱对《征途》游戏玩家的分类法形容为"简单粗暴"，说降低了这款游戏的格调。其实，史玉柱首先是一个商人，商人不重利，也就不再是商人。因而，在利益和所谓的虚名之间，他不可能不选择前者。

史玉柱在 2004 年才打算进入网游行业，这让许多业内人士十分不解：你是靠做保健品起家的，现在想进入一个跟保健品不沾边的行业，不但不靠谱，而且过于张扬，会引起大家的反感。

最终的事实证明，这些业内人士的判断并不正确。史玉柱和他的团队花了两年时间，使《征途》的月盈利达到 850 万美元，超过100 万的同时在线人数，除了网易的网游，国内游戏界无人能匹敌。

游戏业不像保健品行业竞争那样单纯，所以史玉柱的进入和后发制人，为他树敌颇多。网游业同行一方面大骂《征途》，大有痛心疾首之情状，另一方面却不得不向《征途》学习，跟在《征途》的后面追。

"征途"

巨人网络在中央一套和五套播出的形象广告可谓别出心裁，广告只有 7 秒钟，一连重复 3 次，播放时间长达 1 个月。跟脑白金广告的"恶俗"比起来，这则形象广告也好不到哪里去，但同样能给人留下了深刻印象：一个长头发的红衣少女，盯着笔记本电脑屏幕痴痴地笑着，旋即是一声类似京剧念白的怪叫"征途"——手持白色笔记本计算机的她，就是新生代游戏迷的典型代表。

史玉柱屡次冒天下之大不韪，这次依然如故。截至 2007 年，能跟《征途》相媲美的游戏只有第九城市的《魔兽世界》和网易的《梦幻西游》。

做《征途》时，史玉柱已经好几年没有回安徽怀远的家乡了。他把父母和女儿都接到上海，跟他一起过着有些"另类"的富豪生活。他不参加任何约会和饭局，也不到俱乐部或沙龙去玩。他喜欢打游戏，闲暇时间基本都用在打游戏上——他是一个四十不惑的游戏迷。

想采访到他也不是很容易的事情，任你几次三番打电话联系，最终都可能被他拒绝。征途网络没有任何风险投资的参与，是史玉柱个人投资，完全是他个人控股，因此当有消息称征途将有望在纳斯达克上市的时候，史玉柱就自然而然地再次成为舆论焦点。

2007 年，征途的营业额仅次于网易和盛大。而如果征途在美国成功上市，第九城市的 12 亿美元市值也将被其轻松赶超，史玉柱的个人财富也会再次激增。他的计划是，在公司上市之后，把《征途》游戏的投入扩大到 1 亿美元。他雄心勃勃地兴建自己的网游帝国，对网游的未来信心十足。

2007 年，征途如愿在美国上市，募集到 8 亿美元资金，是当时中国网游企业之最。

对彼时的史玉柱而言，对于是否一定赚钱并不太在意。即使赚不到，如果能发明一款世界首例 2D 的关门网络游戏，也算实现了他在网游方面的梦想。这是一个资深老游戏迷的游戏梦。

史玉柱前进道路上的一大障碍，是青少年组织的抵制和对立。征途网络唯一运营的游戏就是这款《征途》，但这仅有的一款产品，还曾在 2006 年一度被共青团少年网络协会评定为危险游戏之一。对此，史玉柱一再重申，征途会努力做到跟青少年不沾边。

为了改变公众对游戏公司的印象，史玉柱甚至设计了一款宠物替身，到半夜 12 点时，宠物们会劝玩家不要再玩了。这个做法得到一些专家们的欣赏，认为有利于防止青少年对网游的沉溺。

虽然《征途》对青少年非常有吸引力，但史玉柱不会穿越这个雷区。征途的定位是成人游戏，青少年不是它的目标市场。史玉柱想赚有钱人的钱，让大多数"穷人"陪少数有钱人玩，所以即使他迎合青少年防沉迷系统的国家规定，也不会对自己的产品造成什么冲击。

网络游戏在史玉柱的理念世界里，代表的是一种在现实世界难以追求到的平等。按他自己的话说，无论你是一个穷学生，一个下岗工人，一个市长，一个百万富翁，或者一个部长，在网络游戏的世界里都是平等的。

网络游戏做的不是健康，也不是孝心和老人身体的保健，却会影响到青少年的成长和他们的精神领域。大多数玩家自然都无法与史玉柱比，因为他在网游的支出上，很多时候以万元为计量单位。但无论是给玩家发工资的制度还是每月在线时间的规定，都是为了增加同时在线人数，目的还是为了赚钱。

史玉柱告诉刘伟，保健品是白天睁着眼睛赚钱的行业，而网游是晚上闭着眼睛还可以赚到钱的行业。赚钱了，自然会引来同行的嫉妒。比如有的网游公司老板就指出，征途正在触及"道德底线"。

不过，有多少大型网络游戏不触及底线呢？在指责史玉柱的同时，这些同行自己也都指望着能取得像《征途》那样的销售业绩，这大有吃不着葡萄说葡萄酸的意味。

史玉柱懂商业模式，更懂玩家心理。根据艾瑞咨询的调查，征途游戏刚开始玩的时候非常简单，一学就会，所以可以积累大量的用户群。而且，这款游戏的创新之处在于，玩家只要花钱多，就可以把等级很高的其他玩家击败。游戏迷都想当胜利者，这也就迎合了他们的需求，征途游戏的销售额也就因此而逐渐提升了。史玉柱做游戏赚到了钱，但并不意味着谁做都有钱可赚。

把现实世界移植到网络中，意味着现实世界里的血雨腥风，在网游中都会经历。你做了一城之主，如果被敌人威胁，就要靠武力战胜敌人，需要调兵遣将，财力支持、行军打仗，而能让你战胜强敌的法宝，便是谨慎和智慧，否则，一着不慎满盘皆输。

网游的世界，会给失败的你再来一次的机会，而且成功的可能性比在现实世界中更大。

跟史玉柱的"还债"举动形成对照的是，在《征途》游戏中，行侠仗义的玩家是会得到加分和奖励的，这体现出史玉柱及其团队在游戏中融入的见义勇为等侠义色彩的精心设计。

史玉柱本人是《征途》的初级玩家，拥有各个区的账号，也会花钱玩，有的玩家不知道他的大佬身份，欺负过他，但他毫不介意。

《征途》里有一项活动颇具争议，就是允许"抢劫"。抢劫是强盗行为，自然被外界质疑。史玉柱和团队在设计这个项目时，其实是规定不允许在自己国家实施抢劫。抢劫触犯法律，并且会有很严重的后果等着玩家，但是到敌国抢劫是可以的。

至于会不会造成强盗横行的局面，史玉柱的回答是：抢劫行为只会让敌国民众更加团结一致，对侵略者实施抵抗。

看来，哪里有压迫哪里就有反抗这个法则，在《征途》的游戏世界里同样适用。

有的玩家提出，如果自己的装备渐渐落后，赶不上别人更先进的装备了，继续玩就需要加大投入，不玩了又会让以前的积累毫无用处，以往的努力也全部付之东流，这怎么办？史玉柱认为，如果这样，要是换了自己，他会选择继续玩，但是不会增加投入，而且心态的调整至关重要。

他对自己和团队精心打造的《征途》很自信。他曾说过："作为玩家看来，国内的网络游戏，没有一款能打60分，能打45分的有一两款，90％以上都只能打零分，而《征途》能打80分。可以说《征途》是目前国内最好玩的网络游戏，甚至与'次好玩'的网络游戏都有很大的差距。"

作为资深游戏迷，史玉柱的话在游戏迷心中极有分量。

对于投资网游，史玉柱透露，硬件设备和研发团队各需要几千万元来支撑，另外，推广费用没有几千万也下不来。这样一算，没有上亿元的投资，就不可能做网游。

网游界"巨人"

2006年，在中国1.2亿多网民中，大部分都是年轻人。而且，有3000万网民是中学生和小学生。其中，大多数网民都热衷于网络游戏。

网游的娱乐模式是互动的，市场发展前景十分乐观。在这种情况下，国家新闻出版总署也提出要促进这个行业的发展，如果动漫企业想开发网络游戏，加入网游产业阵营，都会得到鼓励。

可见，中国对网游业的种种限制正在松动。这个产业，在中国有规模、有影响的论坛是CHINAJOY，全称是中国国际数码互动娱乐产品及技术应用展览会。在第四届CHINAJOY展览会上，新闻出版总署署长龙新民的身影出现在主席台上。

办到第四届，展会的规模已经从一些网游公司和运营商进一步扩大到有硬件公司的参与。

中国的游戏界元老有盛大、腾讯、第九城市、网易和金山等。在第四届展会上，腾讯总裁马化腾表示，腾讯网游将向社区化方向发展。

这块大蛋糕看起来愈发诱人，因为网游已经超过广告收入成为网络行业收入最高的一项。盛大的陈天桥也表示，将重新把网游的开发摆在议事日程上。第九城市 CEO 朱俊则表示，公司会把同时推出的几款游戏跟《魔兽世界》结合起来，齐头并进。

史玉柱也出席了第四届 CHINAJOY 展览会，他公布了巨人网络自从迈进网络游戏的门槛之后，税后利润高达 700 万美元。他认为，自点卡的推出和免费模式出现之后，向玩家发工资成了网游界的第三次革命。通过这种方式，网游社区人数会更加壮大。事实上，《征途》3％的玩家创造了 70％的收入。

相比其他大型互联网公司，史玉柱入行的时间也许是落后了，但他作为资深游戏迷，对网游的了解毫不逊于其他几家公司的大佬。巨人网络的进入，带来了新的营销模式，以发工资的形式培植网游生力军。可以说，其对中国网游行业的发展带来了很好的创新气息。

可是，外界对史玉柱的质疑声也从来都没有停止过。比如，有人认为史玉柱把做保健品的套路套用在了网游上。史玉柱否认了这一点。他表示，现在做网游，每月的广告费用不到 200 万，不会像做保健品广告那样给人无孔不入、风卷残云的印象。

除此之外，同行们对史玉柱公布的 30 万同时在线人数的业绩也持怀疑态度。有人说他不懂网游，有人说他公布的数据让人哑然失笑，更有人说他吹牛都不会吹，甚至还替他算了一笔账：征途的社区数量是 20 个，如果一个社区的极限人数是 5000，那么同时在线人数最多应该是多少呢？

当初史玉柱对内公布进军网游行业的决定时，公司内员工也曾对他的计划表示过怀疑，后来他们消停了，可外界的声音却此起彼伏，一浪高过一浪。面对纷纷扰扰的质疑声，史玉柱沉不住气了，他决定把记者拉到公司总部来，亲自清点人数。

他说，网游在线人数只要你说是 5 万，都会被人认为是说大话，所以如果说《征途》的同时在线人数已经超过 30 万，没人相信也毫不奇怪。关键是，有力证据证明，《征途》已经冲到了网游队列的最前面。他指的"第一梯队"包括盛大、网易和九城，他有气魄地提出要让《征途》的同时在线人数冲到 100 万。

玩家们对《征途》的痴迷程度可以用狂热来形容。当午夜降临，甚至黎明即将破晓的时候，并不是所有人都利用这段黑暗时间来睡觉。相反，全国上下有几万人即使到了黑夜，也还是一起在电脑前山呼海啸般"练级打怪"，因为这款游戏是免费的。

当一项创新性营销模式推出的时候，面对所创造的优异业绩，往往很多同行一时接受不了，不肯相信是真的。比如《征途》仅仅投放市场两个月，还没有敲定最后的版本到底是什么样，就已经给史玉柱带来了 4000 万元的收入。同行们对此十分不解，甚至有人断定他肯定在造假。

史玉柱当然没必要造假来为自己树对立面。其实这个事情的原理再简单不过，免费的午餐摆到饥肠辘辘的人面前，谁会拒绝呢？玩家多了，有钱的玩家自然感觉有趣，就会进一步投入，于是利润自然滚滚而来。

正像 QQ、360 安全卫士和淘宝网一样，网游的免费模式也不是任何一个项目都不收费或无利润可图的。虽然不花钱就能玩《征途》，但游戏里有增值服务，用户粘性很大，玩家难以抵挡诱惑。

所谓"人民币玩家"，是在游戏中用银子堆出自己的胜利。收费游戏的装备需要在线下买，但史玉柱的《征途》把线下购买的虚拟装备搬到了线上，让玩家直接付费给巨人网络，省去了中间环节。

以前，被游戏代练和外挂赚去的钱，此时都是史玉柱的盘中餐。难怪有消息称，短短几个月时间，就有玩家掏出 10 万元钱砸向这款游戏。

史玉柱入这行的时间的确有点晚，也正因如此，才让他把产品品质摆在第一位。他自己玩、自己修改，使《征途》的内容涵盖了国内大部分游戏的所有设置。

他把收费的增值服务同产品的卖点相结合，使两者都丰富起来，尽善尽美。

与盛大的《传奇 2》有所不同，《征途》的游戏收费点"烧钱"的速度相对缓慢，不会被玩家迅速察觉后"集体抵制"。《征途》的卖点很多，单项服务的收费很低，所以，游戏整体上看没有失衡之处，玩家们粗浅一看，很快就接受了，不再抗拒。

史玉柱干起事业来轰轰烈烈，经常是大手笔，让人感觉惊心动魄。他的这种性格，也体现在对游戏题材的设计中。比如，他很喜欢以战争为主题来设计游戏。

为了让战争的规模更空前，气势更宏伟，史玉柱把《征途》的战场设计成可以让一万左右玩家同时战斗的模式。这就比其他游戏的吸引力更大了，因为一般的游戏只允许两三千人同时参战。

为了增加用户粘性，史玉柱还为玩家们设计了林林总总的小游戏和智力题，为的就是黏住有限的用户群，让他们最终为了游戏中的权力和欲望付费。

玩家离不开游戏，游戏业同样离不开玩家。《征途》其实只是一个框架，没有玩家的参与它是不完整的。只有大量用户涌入，它才会被妆点成一个绚丽多彩的世界。

史玉柱对自己和团队精心打造的这个游戏社区怀着殷切的希望。当《征途》同时在线人数突破 30 万大关时，他的兴奋溢于言表。员工们看到，他兴致勃勃地从办公室冲到记者面前，亲自公布这一消息。

不过，此时的他已经学会了不以物喜、不以己悲，若换做以前，他恨不能以大幅广告的形式昭告天下。他压抑着自己的兴奋，静悄悄地坐在自己的位置上，让员工们继续给媒体记者做 PPT 演示。

面对摄像机，他说道："我们说 20 万没人相信，说 25 万也没人相信，现在我们想通过现场清点人数的方法，让业内了解《征途》的真实情况。"

他还说："我们既然做了网游就集中做网游，不会像陈天桥那样多元化投资；我们既然做了网游就关起门来做好一个再说，不会像金山那样一下子推出多个产品。""史大嘴"果然名副其实。

史玉柱专心做网游，是为了表达一个老游戏迷对网络游戏的热爱。他专注地先做好一个，是为了集中精力打硬仗，把钱用在刀刃上。

史玉柱力求把每一项工作都做得完美无缺，所以内侧长达 7 个月，公测也一直在延长。他想把最完善的产品呈献给用户，这也是对自己努力工作的一个交代。

为了《征途》，他的确不惜金钱，甚至准备投入两亿来搞研发。后来他发现，研发费用根本不需要那么多。他说："没盈利之前我们只花掉了 4 千万元，盈利预期大大提前，今后是靠盈利来进行投入了。"

脑白金的年营收一度达到 10 亿元，而按照史玉柱的预计，如果征途的在线人数达到 60 万，就有可能跟《梦幻西游》并驾齐驱，达到年收入 8 亿元。

为了自己难以割舍的"巨人"情怀，他把将要研制的以战争为蓝本的第二款游戏定名为"巨人"，而且坚信其会比《征途》更完美、更出色。

第八章
玩出一个精彩

网游：研发＋广告

闲暇时的史玉柱喜欢一个人默默地玩网游。他的玩家生活，可以用一句歌词"白天不懂夜的黑"来形容，这是他的先天优势。

他的《征途》想通过免费模式跟国外游戏比划比划。他进入网游行业，一开始没有意识到国外游戏的威力。但在 2006 年的第四届 CHINAJOY 游戏展览会上，他发现大型网络游戏基本都是国外生产的，比《魔兽》等更恢弘、更庞大的游戏，差不多全来自美国和欧洲。这些游戏的存在，对潜力巨大的中国市场必然造成强大的冲击。

面对大投入、大产出的国外产品，史玉柱感叹道："我觉得明年大家就能感觉到，欧美游戏的市场份额迅速上升，三年之后外国的游戏占中国市场的主导。"

中国游戏公司的投入远远比不上欧美企业。他认为，面对"强敌"的入侵，如果一款游戏的投资连4000万元都达不到，那么就不可能在市场上占据主导地位。

随着时间的推移，行业内的变化也在悄然发生。欧美游戏是大投入、大手笔的产品，相当于好莱坞大片；而中国的游戏产品与之相比，用史玉柱的话说，等于投资几百万人民币拍一部电视剧。投入上的差距是显而易见的。

不注重产品研发投入的结果是：游戏规模上不来，不可能跟国际同行的产品并驾齐驱。

也许是出于个人偏好使然，或者出于一种单纯的爱国心，虽然有人认为史玉柱的营销能力在推销国外游戏方面可能大有用武之地，但他表示，暂时还没有代理国外游戏的想法。而且，他不喜欢外国的游戏。

史玉柱想搞研发，可是陈天桥通过段永基发话给他：注意研发的风险。这令其不得不对游戏研发持更加谨慎的态度。为了迎头赶上国外产品，史玉柱决定对《巨人》的投入要扩大到一亿元。当然，在研发过程中还会有很多有创意的内容加入其中，以给这款游戏增光添彩。

史玉柱保持研发的核心命题不变，表示公司上市后会加大研发力度，把研发队伍扩充到当下人数的两倍。

想扩充团队规模，首要的是找到合适的网络游戏研发人才。故此，他整天想的都是如何用重金聘请到国内最顶尖的人才，如果不行，就通过收购网游公司来解决人才匮乏的问题。

高级别的人才需要高级别的对待，史玉柱许诺：公司上市后，新进入公司的人员并非没有得到公司期权的机会，反而机会更多。为了更好地支持研发团队的工作，他和公司管理层决定建立"巨人技术研究院"，寻求技术上的进一步解决方案。

公司推出的《征途2》同《征途》在员工激励方面走的是不同的路线。《征途2》所有人员的业绩都跟这款游戏的效益不挂钩，另外，《征途2》关心的是在线人数，不是营业额。因此，员工的奖金也是由在线人数的多少决定的。达到规定的在线人数，公司就发奖金，达不到则没有奖金。

外界很关心史玉柱本人到底玩不玩《征途2》，有没有受过欺负。《征途2》项目负责人田丰实话实说，表示史玉柱会扮演不同角色来玩，体验不同玩家的心理状态。他会把自己摆在一个"穷人"的位置上，或者做受虐最严重的玩家等。

可是后来，随着他眼界的进一步开阔，感兴趣的事物也不会永远停留在网络游戏上，转而开始热衷旅游或者微博之类的东西。这样的史玉柱，总是期冀在不被过分关注的事物上寻找引爆点。

史玉柱不会一味地坚持一种营销模式。比如，最初他表示《征途》的广告费用很低，不会像保健品一样狂轰滥炸。等到2011年巨人的《仙侠世界》网游开始推广的时候，其广告投入竟高达5亿元人民币。广告费用的提高，暗示着行业竞争的加剧。没有一定的实力，自然玩不转这个"盘子"。

《仙侠世界》是征途系列网游之一，对于巨人网络来说具有很重要的战略意义，巨人90%的收入靠征途系列来赚取。为了避免征途系列一枝独秀的局面影响公司未来的发展，巨人在2011年决定在网游新品开发方面加大资金投入力度，使公司的其他网游产品逐渐占据一席之地，包括艾尔之光、万王之王3、仙途等。

除此之外，巨人还发起举办网游下乡活动，并把收费模式重新拿到台面上来。这些举措，使巨人再次成为业内话题焦点。对于整整研发了4年的《仙侠世界》，史玉柱的接班人对其给予很高的期望，希望通过它来提升绩效。

史玉柱曾说，网游在互联网行业里是最没有烂账、最容易管理的项目。他这话想必也是提高自己企业实力的说辞。而一路走到今天，巨人网络的成功，已经验证了史玉柱对网游产品在互联网产业里重要性的评价。

他说："互联网现在应用范围是非常多的。但是从目前来看，互联网所有的领域里面商业模式最成功、最清晰的就是网络游戏。"

2007年前后上市的网游企业很多，他认为虽然快速流入的资本会导致成本的增加，但上市公司会对更有能力的人才形成更大的吸引力。这些人才，会帮助网游行业更好更快地发展。另外，上市公司筹集巨额资金的目的都是要投向市场，虽然成本在短期内被提高了，但对行业的长远发展依旧利大于弊。

巨人不但引领了互联网时代的游戏潮流，而且拍摄出了震撼人心的《仙侠世界》广告片。广告内容以社会弱势群体为主导——屌丝对无奈生活现实的控诉。在他们眼里，屌丝也需要生活乐趣，而玩游戏对他们来说是一种解脱，一种放松，一种追求独特个性的表达方式。广告中的主角们在繁华的街头、在人头攒动的广场、在地铁上，手拿扩音器高声喊出自己的心声。

是的，屌丝的时代也许到来了！

屌丝们一样不甘落后，一样有着对物质和精神生活的双重追求。史玉柱及其团队在《仙侠世界》的广告方面再次打出了心理战术的招牌，并且一招灵验、弹无虚发，给人带来强烈的心理冲击之余，令人仿佛得到游戏迷玩游戏时的放松和救赎，并清醒地意识到，也许自己就是屌丝队伍中的一员。

虽然是个"屌丝"，也一样要活出属于自己的精彩和快乐。当这些屌丝们像宣誓一样高喊：我是屌丝，我玩《仙侠世界》时，他们便把对生活的无奈当做过眼云烟，保持自己独特个性的同时，得到一种心灵的慰藉。

屌丝的时代，尽管一切都不由屌丝们自己做主，但他们还是有选择玩一款游戏以自娱自乐的权力的。在游戏的世界里，有一个神奇自由的王国等待他们去开辟。

难怪有人说，史玉柱是一个很人性化的人。他善于抓住大众的心理，才能让产品的广告宣传真正钻到人心里去。

隐退江湖

2013 年 4 月 9 日，是史玉柱宣布辞职的日子。这次，他辞去的是巨人网络的 CEO 一职，但保留了董事长的职位。

他宣布辞职的地方很离奇，是一个有喀斯特地貌的岩洞，位于广西桂林。后来，他在微博中发布声明："已公告我辞去巨人网络 CEO，至此我已不担任任何公司实职。终于彻底退休了，把舞台让给年轻人。告别江湖后，我的主营业务是玩，副业是搞些公益。江湖好汉们，忘掉'史玉柱'这厮吧。"

史玉柱在新闻发布会上用牙咬啤酒瓶盖，可却没有打开，等工作人员把瓶起子递给他之后，他打开啤酒瓶，在游戏内测开始的时刻，将喝剩下的啤酒倒在自己的光头上。然后欣然宣布以后大家很难见到他了，他说：我走了，拜拜了。

挥一挥衣袖，不带走一片云彩。史玉柱的光荣退休显得突如其来，人们不禁愕然。

其实在这之前，史玉柱虽然身在上海，但已经过起了"不问世事，深居简出"的日子。他的豪宅外面，是游弋着白天鹅的一片开阔湖面，他居住的水榭就在这仙境般绿水环绕的境界之中。

他早已不愿参加公司的任何高层会议，虽然总部顶层的一层楼都是他的，但在2010年前后，他便很少来这里。若不是大家连拉带拽让他出席会议，他几乎懒得离开自己那独立于世外的水榭亭台。

他已经对许多工作任务都持放手的态度。刘伟进行日常管理，2005年加入巨人、后任巨人网络总裁的纪学锋负责开发《征途2》，《仙侠世界》的推出则由巨人网络副总裁丁国强指挥。另外，吴萌这个页游高手也加盟巨人，继《商业大亨》之后，他主导巨人的页游开发。大家的工作日程都排得满满的，看起来没有史玉柱什么事了。

那么，史玉柱缘何开始淡出公司员工们的视线呢？在他看来，互联网产业应该年轻化一点，把位置让给具有更先进思想的年轻人去掌控会更好。他说："互联网是年轻人的事业，他们已经干得比我好了，早点把舞台让给他们。"

迫使他说出这句话的，是一个个现实的例子。他感到自己老了，落伍了，跟不上时代的潮流了，也不像年轻人那样了解年轻人了。而给他上如此生动一课的，正是他手下的年轻员工们。

有一次，他听说有人议论《征途》收费太高，就想把大家反应的收费过高的项目改成免费的。但是，公司高层里没有一个人支持他。最终，史玉柱赢了，虽然把那些项目改为免费版，可是玩家们却仍不满意，甚至负面情绪更大。原因是，他们前期已经投入了那么多钱，现在突然说这些都不用花钱就能搞定，这是不是太"窝囊"了？

这件事给史玉柱提了个醒，他知道自己已经不能十分精准地把握玩家心理了。互联网是属于年轻人的事业，他的确该退下来。

他也觉得，自己在管理巨人网络的时候，业绩时高时低，飘忽不定，但自从交给手底下人管理后，业绩连续 12 个月一直呈上升势头；他在《征途 2》的研发过程中，跟纪学锋产生了颇多分歧，但结果证明，他要求修改的地方都不对，按照团队原来的设想，《征途 2》取得的成功有目共睹。种种事实已经让他彻底清楚，自己年龄到了，思维模式固化，很难改变。如果他不退出管理层，继续留在其中，对公司的发展十分不利。正如马云所说，互联网是年轻人的事业。所以，他渐渐淡出公司管理层，对《仙侠世界》也不再指手画脚。

知人者智，自知者明。现实证明史玉柱是一个有自知之明的人，看到自己的短处，就能够正视，敢于承认，并自动退出舞台，把位置留给年轻人。

于是，他在《仙侠世界》宣布内侧开始的时刻退休了，这个过渡非常顺利，没有出现大的动荡，更不会对公司日常工作产生任何不利的影响。

他在这一时刻宣布辞职，也等于发挥了最后的余热，给重拳出击的《仙侠世界》吸引来更多的眼球。他承认："内心里原来还是有牵挂的，但是现在牵挂没了。"

他的牵挂，来自对公司员工业务能力的担忧，也来自对自己重视的网络游戏事业的全情投入。

2002年，史玉柱还只是一个普通玩家，陈天桥公司的《传奇》让他茶饭不思，很快成为"瘾君子"。他是个痴迷的玩家，非常沉迷，可他同时是个天才商人，很快便嗅到了游戏行业的商机。按他自己的话说，这里流淌着牛奶和蜂蜜。

如今，他不想在游戏圈子里混的另一个原因，是这个行业的血液早已被换了一茬。游戏圈里通常会有一些聚会，在一个聚会上，他发现很多新面孔都不认识，而那些熟悉的竞争对手也都不出现了。元老们纷纷退场，他觉得自己继续留下来只是自讨没趣。

不过，如果真让他很快辞去CEO职务，他又总感到心里没谱。直到《仙侠世界》即将推出的时候，他才下了决心。

长江后浪推前浪，毕竟竞争对手们都已完成新老交替的接班工作，他也该见好就收了。普通人通常要到60岁或65岁退休，但对于一家超大公司的CEO和高层管理者来说，在科学技术日新月异、市场环境急速变化的今天，49岁的年龄可能真的不适合长期高居在那样的位置上，史玉柱，确实需要把位置留给年轻人。

有人喜欢把他的辞职跟马云扯在一起，他有些不服气，不甘心自己在辞职的问题上落在马云后面。他向大家解释，他的辞呈比马云提交得早，但是一直没有得到公司董事会的批准。马云的辞职报告比他提交得晚，但是批准得早，所以才让马云抢了先。他笑称自己是"起了个大早，赶了个晚集"。

对于日后的打算，他把自己的生活定位在"屌丝"的水平上。

在他眼里，一个人可不可以被归类为屌丝，不是有钱没钱一项标准来决定的。他声称自己没有多少现金，财产都以投资和股票的形式出现。他也认为自己是个宅男，今后将只对玩和公益事业感兴趣，他说这两个生活内容"一个低俗，一个伟大，结合起来很有趣"。

史玉柱退休了，可并未真正从公众的视野彻底消失，事实上，他仍有巨大的能量！

"大三角"和"小三角"

有人说，史玉柱的隐退意味着巨人正在经历一场变革。

曾经，他用"大三角"——保健品、网游和投资三项打造了500亿美元的财富神话。如今，巨人又开始用"小三角"巩固网游阵地——端游、页游和手游。

2013年之后的关键性问题在于，《征途》的产品生命周期已进入成熟期和衰退期，在线人数很难增长，ARPU值（即每用户平均收入）也不可能取得更大的突破。

在史玉柱进军网游的征途上，《南方周末》又开始给他挠痒痒。

2007年12月20日时，这家报纸发表了一篇名为《系统》的文章，描绘了一幅由"钱"来主宰的虚拟世界的画面。文章里有个女B超师是《征途》游戏中一个城邦的女王，手底下有几千臣民为其效力。据这个女医师讲，要在《征途》的江湖中立于不败之地，钱是唯一的通行证。

如果说《征途》的世界和玩家本身是现实世界的缩影，这款游戏的设计者们，包括史玉柱，则像老子《道德经》所阐述的"道"

的概念一样，是玄之又玄的"众妙之门"。

　　《南方周末》描述《征途》玩家们的幻想破灭之路时，用的是同样的手法。正如新派武侠女作家步非烟所说，武侠世界里一流的高手也未必就无法被超越，总还是会有超一流的高手凌驾于这些一流的高手之上。前面那个女医师的经历，就是这句话最好的说明。她丈夫是有钱人，她不缺钱，但是总有人比她付出的钱更多，所以虽然她得到过光荣与梦想，但大多数时候，还是被欺负、被奴役。

　　玩家们其实没什么可抱怨的。在现实世界中解决不了的困惑和问题，在虚拟世界里一样找不到答案。如果感觉虚拟世界是现实的翻版，大可以跳出来，不玩了。可是大多数玩家都不会这样轻易罢手，而是被游戏牵着鼻子走，正如同他们在现实中的做法一样，总是往一个个不同的圈里跳，直到被套牢了才恍然大悟，然而终究还是不甘心，也不会放弃。

　　史玉柱仿佛是这款游戏的主宰者和独裁者，所以从来没有逃脱过玩家和社会公众的质疑。有人说他是个成功的商人，但在道德问题上却打了折扣。世界上没有完人，史玉柱也不例外，就看用什么样的标准去审视他、评价他。他有普通人不完美的一面，也有自己的闪光点。

　　他是经历过失败挫折的人，所以此时的他力求稳妥，把企业现金流的充足和安全摆在第一位。为此，他不但在投资方面集中火力，而且发明了"铁三角"的打法。

　　三角形的稳固性，在他的意念里是企业平稳发展的保障。因此，除了保健品和金融外，他一举进入互联网这个最具发展前景的行业。

　　网游不但是他专注的事业，也是他心灵的抚慰剂。在他失意的日子里，除了一些最忠诚的员工之外，外界几乎都在唱衰他、指责他。这时，网游的世界给了他一种很好的解脱方式。他说："玩游戏时，在另外一个社会里，别人不知道你是谁，大家混在一起，都是平等的，大家一起去打架，一起去打怪，一起去欺负别人，一起被别人欺负，这种平等的感觉很好。我最喜欢扮演的角色是独行侠，朋友需要帮助的时候见义勇为。"

他喜欢的日子是集体进攻、集体防御，这点在游戏中得到了满足。所以，他每月花 5 万元玩《传奇》，账号里有几十万元的投资，装备都是顶级的。

他通过自己玩游戏的经历，了解到游戏玩家的心理需求来源于：在虚拟世界中可以获得的东西往往要大于现实世界。游戏是现实的镜像，马斯洛需求理论中人的一切需求，在游戏世界里都可以得到满足。

这让史玉柱觉得，游戏无非是一种娱乐方式，就跟看电视、听广播一样，可以让人在工作之余得到放松，弥补心理和物质方面的现实缺憾。所谓"损有余、补不足"，既然精神世界得不到安慰，那么在游戏中寻求一点解脱也未尝不可。

史玉柱对游戏有清晰的认识和定位，且不喜欢墨守陈规，他把创新凌驾于韩国人制定的条条框框之上，使之成了宪法一样至高无上的权威——即使你是权威，我也可以藐视你，对你发起挑战。这就是史玉柱的思维方式。

为此，他把传统游戏中为了升到更高级别而必须经历的"打怪"折磨去掉了，玩家们不必七八个小时不停奋战，而是按动一个键，电脑自动就会帮助你打怪，你可以悠闲惬意地边喝咖啡边欣赏电脑打怪的成果。甚至，电脑不开机的时候都能帮你打。这点非常受玩家的欢迎，所以史玉柱很自信，认为《征途》是所有游戏中最好玩的。

对于网游的"小三角"格局，其仍以端游主打，占了网游总利润的 80%。《征途 2》的在线人数达到了 54.1 万。至于《仙侠世界》这款重磅炸弹，销售情况更是乐观，因为这款游戏的目标客户群是 90 后。ARPU 单用户平均值在《仙侠世界》推出后得到了增长，很多高级玩家也纷纷涌现。

玩家中还有一类，就是没有太多闲暇时间的游戏迷，页游的推出，正迎合了这一部分人的需求。页游不需要下载和安装，为玩家提供了极大的方便。在这方面，巨人也一直增加投入，力求主导这一市场。

2012 至 2013 年，中国手机游戏付费市场规模增长迅速，2012年比 2011 年增长了 140% 还多，2013 年的增速更快。快速进军手游市场，对巨人来说时不我待。为了促进这块业务的发展，巨人集团在 2013 年组建了两三个手机游戏研发组，成员也达到了 100 人左右。

巨人在这方面的专业性并不强，唯有通过收购来迅速掌握人力资源和渠道等。对于游戏行业的资深人士而言，手机游戏并不需要端游的简单平移，而是需要用新的游戏规则和新的架构重新设置。技术要求同传统游戏相比更加超前，更加进步，由此，史玉柱把希望寄托在新一代巨人管理者身上。

有了"小三角"的动态平衡作用，巨人的网游业绩可以维持稳定增长的态势。端游市场已进入成熟期，巨人期待着页游和手游可以弥补端游业务的不足，共同促进营业目标的实现。

《征途》的烧钱模式，令史玉柱及其团队备受争议。为了避免这一幕重演，巨人网络新一代的指挥官们决定让《仙侠世界》走另外一条路。

《仙侠世界》的难度不低，虽然操作起来很方便，但副本难度堪比炼狱。在这款游戏中，人民币玩家将不再占据主导地位。相反，靠技术取胜的玩家这次可以欢呼雀跃了。买高级装备将不再占有绝对优势，故此，《仙侠世界》的模式是为真正的游戏粉丝创造的，不是为取悦堆钱的主儿而设计的。

《仙侠世界》，为的是占领非付费玩家这块阵地，至于业绩如何，还要看今后的走势而定。

其实，公司新高管与史玉柱之间理念的磨合也有一个过程。比如做《征途2》时，史玉柱曾与纪学锋的理念出现过偏差，还曾传出过一封他发给纪学锋的邮件，内容是："学锋，虽然你们人数不错，但别沾沾自喜！与《征途》差异过大，太冒险！！！"在史玉柱看来，《征途2》的参与度太低。

当年的史玉柱，是冒险的代言人和热衷搞大动作的豪赌派。但是今天，他已经变得保守了；的确，以往投资失败的经历让他心有余悸，而随着年龄的增长，他的冲劲逐渐淡化。他对《征途2》总是过于担心，甚至想让《征途2》循着《征途》的基本思路走，不要太偏离老版《征途》。

《征途2》对老版《征途》很重视的 PK 公式做了大幅度改变，而且不像老版那样关注高端玩家。《征途2》的重点是大众玩家，并且新功能也是层出不穷，比如宠物、庄园等，都是平和的休闲玩法。

史玉柱是资深游戏迷，这点毋庸置疑，但他一个人不能代表整个游戏迷群体。《征途2》的研发时间长达3年，待游戏出炉后，身在台湾的他还是诚惶诚恐。正如他自己说的，他已经变得很"胆小"了，而在企业家朋友圈里，大家一致的评价也都是：他胆子最小。

"史大胆"真的变了，但他的变更，却是为了巨人更长足的发展，这从他对"大小三角"的兼顾与优化配置上，便可知晓。

颠覆规则，用心所向

有人评价史玉柱的游戏战术是让对手出其不意，他的免费模式，让很多厂商不得不纷纷效仿，就连一直坚持收费模式的丁磊，也宣布要搞免费模式。而这时，史玉柱突然杀了一个回马枪，开始横扫收费阵营的市场。他在"征途专区"里划定一个区域，作为"时间区"，按照在线时间的多少收取费用。

当初他搞免费模式，是冲着韩国人的游戏既定规则来的。他誓要打破收费迷局，按照"怎么实用怎么来"的指导原则，不让玩家玩得那么累，让他们闭着眼睛也能升级。

他的"免费风暴"一刮起来便不可收拾。

2006年，网络游戏市场上免费游戏大放异彩，而收费游戏只有几个大制作非常突兀地占据着一席之地，除此之外没有其他佳作。人们说，史玉柱是把免费模式研究得最深入、做得最透的人。

但是，当众多网游厂商前仆后继地想步史玉柱的后尘，来个免费大转型之后，他又看到了收费模式在市场上仍然占据很大空间的事实。毕竟，大多数玩家都是被收费模式培养起来的，对免费的新模式并不能一下适应并全盘接受。就这样，史玉柱决定推出收费游戏模式，跟所有游戏厂商背道而驰，朝着已经被大家遗弃的方向进军。

他评价说，网游的新格局已经出现，就是免费主打，但有30%左右的玩家不喜欢免费模式，仍然钟情于老的收费模式。他们时间充裕、消费偏低，对以往的升级游戏模式很习惯、很认同。由于厂商们把收费模式取缔了，这批玩家的需求得不到满足，因此市场出现了空白。

看到了这块空地，史玉柱和团队成员作出决定，推出收费时间区，让玩家自己打装备，不在免费的旗号下靠卖材料赚钱。如此，这批玩家中的很大一部分将归于巨人门下。

史玉柱对这部分市场的态度是：多多益善。当然，如果按照中国游戏玩家总量的1/3来计算，这个市场的容量也有几千万之多。他的这张牌真可谓"神来之笔"。

这一举措的目标受众正是对《征途》游戏比较喜爱，但却不喜欢《征途》免费模式打法的游戏迷，能把他们吸引来，意味着巨人占领的是竞争对手们收费模式的玩家市场。

史玉柱的战术，可谓一石二鸟。夸张点说，竞争对手们都被他"涮"了。

靠着《征途》取得的优秀业绩，他带领公司成功登陆美国股市。对此，他自己的评价是："在西方人眼中，只要你是一个创业者，如果你失败过，就会学会东西。美国这些基金非常欣赏我以往的经历，他们觉得有失败经历，才敢给你投钱。"

西方人的观念同东方人有着本质的差别，这一点给了像史玉柱这样有惨痛失败教训的企业家难得的机遇。

他对外界坦言，自己兴趣贫乏，只热衷骑马，这马不是现实中的宝马良驹，而是游戏中的"虚拟马"。他说："我也 40 多岁的人了，该为自己找个归宿了，我下半辈子的归宿就是网络游戏。"

巨人网络的上市，造就了 21 个亿万富翁和 200 多个百万元以上的富翁。大家都很振奋，因为刚入行的时候，巨人公司是被游戏界同行鄙夷不屑的，但是 2007 年，巨人网络的市值是所有游戏公司中最高的。

上市后，史玉柱的主要战略动向有五大方面，也即是募集资金的投向：第一是研发，第二是营销网络建设，第三是升级服务器，第四代理国外产品。最后是好的游戏研发团队，巨人会直接收购。

巨人是在美国上市的公司，按理应该向股东们发放红利，巨人也是这么做的。2011 年第三季度的股利派发，使巨人付出了 7.082 亿美元的现金，每股股利是 3 美元，听起来很诱人，而对史玉柱来讲，这更意味着钱。他和他的家族持有的游戏股占到 70%，分红所得收益将高达 4.8 亿美元。

巨人游戏公关总监马全智向记者透露，分红是因为账面现金过多的缘故，剩下 2.38 亿美元足够做游戏业的市场拓展了。

巨人网络开发的网游，按史玉柱自己的话说，都属于"大型多人在线角色扮演游戏"，这类游戏的特点，他认为首先是游戏性，其次才是营销等市场手段。其实，他所说的游戏性，指的就是游戏产品的品质。品质不好，营销手段再高明，也只是个空壳。抛开现象看本质是玩家的普遍心理，所以只要游戏的品质上去了，不愁没有玩家光顾。

在史玉柱看来，消费者绝不是傻子，相反，他们是最精明、最难被欺骗的，这也是重视产品质量的根本原因。

史玉柱觉得，想提高中国网络游戏的品质，有三大块最重要，策划、美工和程序。他打比方说：程序是一栋在建大楼的基础和土建结构，美术相当于大楼的装修，而策划就是这个大楼的设计师要做的工作。在中国，程序和美工并不比国外公司差多少，有些美国游戏公司还把美术的任务外包给中国人做，而且中国的大学也有程序这个专业。

但是在策划方面，中国企业和美国、日本、韩国比起来，差得不是一点半点。美国策划人思路开阔，不受束缚，因此新点子让人应接不暇。日本、韩国的游戏发展历史也都比中国早，人家的大学开设有"游戏"专业，且有"策划"专业。但在中国，根本找不到"策划"专业。基本上，网游策划人都是半路出家，改行干策划，甚至有些还是在大学里不好好学习的游戏迷，虽然精神可嘉，但并不具备策划的基础知识和训练。

正是由于国内网游策划人才的不成熟，史玉柱才格外重视提携和帮助策划人员。他还提出，美工和程序要多多帮助策划人员，配合他们的工作。他每次开会时，出席会议的90%都是策划人员。此足见其重视程度。

史玉柱把网游搞得有声有色，却全然不是为了搞名声、赚银子而没有底线和良知的商人。其手底下的《征途2》团队，曾经策划过一个"网游下乡"计划，但最后被他否决了。他最关注的问题，就是怎样阻止农村未成年人玩网游的问题，还为此给公司员工写过一封公开信，他在信中的口气也是语重心长。对于团队的此次表现，他表示，他非常欣赏年轻人的敢说敢干，但团队的任务不能仅仅归结为创造轰动全国的大事件。

他举了一个例子：农村人有很多都在外务工，形成了留守儿童的问题。这些儿童由老人监管，但农村老人不会上网，也不懂电脑，在这种情况下，留守儿童会不会进入网吧，或者沉迷网络游戏？谁对他们负责？

如果这个底线被突破了，《征途2》一定会成为众矢之的。因此，经过几天的反复思考，他决定叫停"网游下乡计划"。网游毕竟跟"家电""汽车"等商品性质不同，不一定会对提高农民精神文化生活起到完全正面的作用。

《征途2》的负责人纪学锋是东北人。据他反映，东北农村基本都通网络了，但是农民们不知道该用网络干什么，所以"网游下乡"，能给他们带去"农忙时挂机，农闲时国战，秋收游戏两不误"的惊喜。

为了在农村开拓市场，《征途2》项目组甚至提出这样的口号——"村村通点卡、镇镇有礼包，玩游戏送化肥"。不过，这样的口号不一定适合中国所有农村市场的特点。在东北，一年收获一次，农闲时大家无事可做，打麻将、玩牌的现象比比皆是；而在南方，很多人外出打工，依靠南方发达的制造业养家糊口，故此农民非但不闲，反倒很忙，忙得过节都不一定有时间回家。这也是南方农村留守儿童很多的原因之一。

这一社会问题，本来就是老百姓的一块心病，作为企业家，史玉柱不能再往这个问题上加砝码了，否则社会天平一失衡，道德底线就会被彻底冲破。

作为企业公民中的一份子，承担必要的社会责任，或者最起码不对社会造成危害，是史玉柱首要关心的问题。他提醒团队把重点从营销转移到产品游戏性上，这才能保证在推广过程中不会马失前蹄。

第九章
资本操盘手

投资：跃入银行圈

IT 精英、保健品大亨、网游圣手——或许，这些标签可以诠释一个完整的史玉柱，不过，他在成为这几个领域中的顶尖高手的同时，还有一个身份不得不提，即资本能手。

史玉柱从 2001 年打算投资股票到现在，在中国资本市场上的地位越来越稳固。最初做投资，只是由于巨人集团账面现金太多，达到 5 亿元，为了抑制自己多元化投资的冲动，他才动心投资银行股。

当时，他考虑过的行业包括房地产、信托、基金和国债，最后决定投资银行，因为银行的盈利模式就是贷款利息减去存款利息，简单明了，而且全国性银行有国家做后盾，上市银行又有证监会和银监会的监管，几重保障让史玉柱很放心。

当年失败的惨痛教训，让史玉柱变成了一个似乎有些"胆小怕事"的人。比如在投资方面，他自己对外界透露："11 年前我胆子确实很大，但今年 45 岁了，从那次摔跤之后一直没什么冲劲。现在像我们企业这种规模的，哪个不是到处投资。我认识几十个朋友，都在投资。我近年一直反对多元化，这说明我胆小。我有个企业家朋友圈子评胆子最小的，我是第一名。"

史玉柱的投资方式力求稳健，甚至保守。他很信奉李嘉诚的投资理念，就是首先不看是否能得到高收益，而是看出现风险的时候可不可以顺利退出。为了遵循这一原则，他一直在寻找有很强变现能力，且风险小的行业。几番思量比对，还是银行业旱涝保收。

他为自己制定了投资的原则，只做铁人三项：保健品、互联网和银行，除此之外再不涉足其他行业。在他眼里，这三个行业的盈利模式都非常清晰。

他还有一条投资原则，即必须把一个行业或企业研究透、研究明白之后才进行投资，没研究透的不投。他认为，投资民生银行就不错，可以帮助他赚大钱。他十分坚信这一点。

随着史玉柱投资民生银行之后大赚特赚，人们不得不承认他独到的投资眼光。民生银行，是他心目中最有特色的中国银行。

他投资银行，是因为感到游戏领域已经被自己摸了个透，不会带给自己更多的刺激了。他知道自己是个适合创业不适合守业的人，于是把守业的任务交给刘伟和年轻的领导班子，他自己则一转身，开始进行"资本运作"。

史玉柱是个不甘寂寞的人，虽然屡次说大家再见到他会很难，但他仍会时常出现在公众视线里。

他有营销经验，但投资经验毕竟不足。他自己也感慨，以前的经验此时在投资领域基本用不上了。可是，他就是喜欢挑战自我，越是新鲜的事物，他在认真琢磨了之后，就越兴致盎然。

他有一帮类似幕僚的人马，堪称他的"智囊团"。或者，毋宁说跟他是朋友关系，被他召集来，大家一起畅所欲言，谈未来的经济走势，预测多年以后会是什么情况。

这是一群跟他一样热衷于研究什么东西赚钱的人，大家聚在一起共同碰撞思维，经过反复磋商，把目标锁定在银行和保险业。

史玉柱出席"两会"的时候，听到不少骂声都针对银行业，原因是银行收费项目高达100多个或几百个。为此，他特意到民生银行咨询，一问才知道，民生银行的收费项目最少，只有70多个。

随后，他又问了这些项目一年到底能为民生银行带来多少利润：回答是2亿多元，占民生银行一年总税后利润的1%或0.5%。听到银行方面的这个答复，史玉柱立刻想到，这么一点钱不收不行吗？既然没有银行作出过这样的决定，民生银行何不率先推出免费服务？很快，他找到了民生银行董事长董文标。

董文标跟他说了实际情况，如果银行取消一切服务费，那么一定会吸引来大批客户的光顾，银行的资产会数以千亿计地增加，但是这等于打破了银行业的既定规则，即违反了行规，结果会怎么样？其他银行能让吗？到时候民生银行恐怕会被同行的唾沫淹死。

银行取消收费项目，属于商业创新，也属于一种形式的变革。要改革，就要面对重重阻力，董文标不想面对这些阻力，也就不想推动这种改革。但是，史玉柱想这么干。他认为，那2亿多元的收费项目所带来的利润可以放弃，如果放弃了，银行的存款数和资产都会大幅度增加。他打了个比方说，没有人能天天丢存折，即使丢了，银行就算给打个存折，能花多少钱？

除了这个野心勃勃的计划，让史玉柱对民生银行十分信任的另一个理由，就是它高质量的贷款。他解释说，银行收到储户的钱之后不可能留在手里，都要以贷款的形式发放给企业，而他是既有成功经验又有失败教训的企业人，对企业非常了解，知道哪个企业靠谱，哪个不靠谱，藉此来判断银行该不该放心地把款贷给这些企业。

史玉柱投资银行，当然要判断银行资产质量的高低。在他眼里，银行资产质量高取决于贷款的质量高。而民生银行在贷款方面十分谨慎，容不得企业有一点问题，这很符合史玉柱稳健的投资理念。所以，他对这支股票很放心。

钱多了自然能生钱，史玉柱赚了钱，更想让这些钱以滚雪球的方式为自己赚更多。相比投资实业，投资股票不需要损耗他很大的精力，对财力富足的他而言，这也是一个很好的投资选择。

为了慎重起见，他还是采取了访谈的策略——他信不过单纯的财务报表。

其时，他像当初做脑白金一样，下到基层跟民生银行的中层干部聊天，听他们说实话，了解他们这些部门的业绩到底怎么样。

通过这种访谈，史玉柱进一步了解到民生银行当下的情况和未来可能出现的情况，心里更有底了。这对他作出投资决定大有裨益。

史玉柱投入的资金比较大，不适宜做短线操作，只能考虑做中长线。那么，他对民生银行的投资额度有多大？——他成了这家银行的董事。对董事而言，半年内是不可以买卖股票的，即半年内买了股票，未超过半年就不能卖；半年内卖了的话，未超过期限也不能买。受制于董事的职责和金额的巨大，史玉柱不可能靠在股票市场倒卖赚钱，这不是他想要的效果。

史玉柱对民生银行的信任，另外一点来自于民生银行的民营企业特点。他指出，民生银行是中国唯一的民营银行，他以前能抛开自己的"铁饭碗"下海，就说明他对体制内的东西并不十分认可。在投资银行方面亦是如此。

他曾仔细观察各个银行的职员在工作上的努力程度，甚至细致到了观察金融街的各家银行下班后关灯的时间。他发现，几乎所有银行的灯在 7 点钟就关了，而民生银行的灯还开着；到了晚上 11 点，他又去看了看，灯依然亮着。

这样的私企加班制度在国有银行想贯彻下去，会遇到重重阻碍的。国有企业职工捧的是金饭碗，不可能像给私企打工的人那样卖力。但是，付出跟回报总是成正比的，职工对工作的付出越大，给银行创造的效益和效率当然也越大。

在史玉柱看来，工行、建行等大银行觉得自己是国有企业，所以总想一把抓，什么业务都不想舍弃，大小企业通吃，各个地理区域都不想罢手，这种做法其实并不可取。而民生银行属于民营小银行，在投资理念上没有这些条条框框的束缚，也方便股东、董事与高层沟通。

后来，史玉柱用事实证明了自己的判断，他说："我十年前投了两个银行，一个华夏，一个民生。华夏我投的钱比民生多，那时候华夏比民生大两倍。现在，华夏不到民生的五分之一。"

不言而喻，束缚华夏银行发展的，正是它国有企业的性质。史玉柱看到它没有发展，也就不怎么热心了，他仍然是华夏股东前十之一，但投入的钱并没有为他"生"出更多的钱。虽然不赔，十年十几个亿，可对史玉柱来说，赚钱的速度仍然太慢。所以，他抽身而出，不再重视这个没有发展的银行。

而民生银行不同，按照史玉柱的说法，民生银行的文化带有一种"狼性"。狼性文化正是中国当代企业家们倡导的一种理念，比如华为的任正非就在企业上下积极推广这种文化。史玉柱对狼性文化也一样情有独钟。

在他眼里，民生银行的狼性文化使它不执著于高大上，而是务求精专。比如，在贷款方面，其民营企业的特点和小银行的实力所限，它瞄准的目标往往是风险最小和最赚钱的领域。一旦锁定目标，便会对其进行精准的定位和持续的进攻。

史玉柱举了个例子，在所有这些大银行的围攻之下，民生银行在小微企业贷款方面能取得全国第一的好成绩，正是因为大银行对这些业务的忽视。小微企业贷款额度很小，只有50万到500万，但是民生银行自成一派，用独门武功秘籍攻克了这个堡垒，赚取高额利率的同时，市场占有率也比其他大银行高得多。

民生银行不会被传统狭隘的贷款经验束缚住，相反，它积极地去做研究。后来经过测试和分析发现，小额贷款的风险系数其实最小。因为小额贷款的担保人是以个人名义贷款，贷款人往往要承担无限责任。小额贷款人如果只借了50万元，他不会因为这点钱而撒家舍业，背井离乡，成为公安局的网上通缉犯。

但是，如果这个数额扩大到5000万，贷款人会怎么样？恐怕在走投无路之时会铤而走险。正因为如此，测试结果表明，民生银行做的小微贷款的坏账率非常低。

有了周详而细致的了解，史玉柱在民生银行上"大赚狂赚"也就在情理之中了。而在民生银行上的捞金，也再一次证明了其卓越的投资眼光。

拒绝诱惑

史玉柱谈起投资方面的经验，会有一大堆东西诉说。所要投资的东西一定要成规模，才能吸引他的注目。否则，他不会轻易分散精力。

他偏爱金融行业的投资，有银行，当然也有保险。他不会被小额的投资长期吸引，只有那些投资额在10亿元以上的大项目，才能令他在一段时间内全情投入。

他平稳地完成了公司从他自己挑大梁到接班人自动运行的过渡，准备放手去专心致志地搞他的银行投资。他这次也一样毫不避讳地向外界透露，他对民生银行的定向增发项目，打算投资60多亿。

他对银行投资的重视，跟这项投资给他带来的收益是成正比的。在巨人集团的铁三角攻略里，网游和保健品的创收额度加在一起还不及投资金融领域带来的收益丰厚。

除了民生银行和华夏银行，他还投资了一些没有上市的商业银行，它们还没有给他带来什么效益。如果说，以前他是个干实业的人，那么此时他显然是个玩资本的人。在他眼里，这两个角色还是有区别的：实业家是做事情的人，需要对机会有敏锐的嗅觉和把握，需要果敢地跟团队一起抓住机会，将计划付诸实施，而且要注重日常管理和营销，每一个细枝末节都要操心。

但资本家不同，资本家不需要像实业家那样面面俱到，但是必须不被外界利益引诱，不能因贪得无厌而做盲目投资。机会就在手里，把握住了才能淘到金子。若是机会没到，就不能轻举妄动，需要看到金子之后再去捡。实业家优化产业结构，投资家优化财富结构。如果一个人做成了实业家，那么资本家就是其下一步很自然的选择。

史玉柱总结了一些投资经验，告诉大家投资要有团队支撑，不能拿借来的钱做投资，而且若是不熟悉某个行业，就一定不要投资，因为那等于摸黑赶路；此外，稳健最重要，机会错过了不要紧，但是不要把钱投错方向，即千万要抵御住诱惑的侵袭；再则，如果有10个项目，一个项目能产生1亿的价值，就不如直接投资一个10亿的。这些经验之谈，都是史玉柱慢慢积累起来的，颇为实用。

投身"资本运作"领域，史玉柱的初心自然是扩大"盘子"，而从另一个层面讲，也是他不经意间抽离"质疑"范围的举动。

消费品行业利润空间很大，但毕竟是辛苦钱。多年来运作保健品，史玉柱也受够了媒体的质疑，此时投资银行股，再没有人因为褪黑素的问题为难巨人，他也可以省去很多忧虑，耳根会清净许多。

史玉柱不能容忍像"巨人大厦崩塌"那般投资很多领域、很多产品的混乱局面再度上演，所以在投资方面，他也务求谨慎，并且专注。他认为，投资一个项目需要从头到尾全神贯注，且对企业未来几年形势的了解比这家企业是否是上市公司更重要。同时，在股权投资领域，无论牛市、熊市都要 hold 住，不能总想着炒短线。

那段时间，微博盛行，作为公众人物的史玉柱也爱上了微博。

发送微博，字数限制在 160 字之内，言简意赅，随时可以告知公众自己的动向。史玉柱在微博上爆料，有个朋友劝他把 18000 人的脑白金和其他保健品销售团队全部向保险行业转移。他表示自己正在琢磨中……

琢磨的结果早已人所共知了，他没有这样做。保险行业是很赚钱，但是承担的道德风险也相当大。持银行股可就跟道德问题基本划清了界限。

随着投资银行股，史玉柱当初退出脑白金经营的心路历程的谜团，也被他在微博上公诸于众。他表示，保健品在国外是朝阳产业，在国内却变成了夕阳产业。10 年之中，坚持到最后的保健品十大企业只有脑白金一家，其他都被外界压力压趴下了。在道德压力的封锁下，他被迫早早逃离了脑白金公司的管理经营，把自己摆在一个普通股东的位置上。就算这样，他对脑白金团队还是不放心，劝过他们放弃脑白金，做快消品。不过，股东们不想看到几亿元的利润就这样付之东流，史玉柱的规劝并未成功。

在这种情形下，如果他再劝脑白金方面做保险，那些人可能连理都不想理他，他可不想沦为人见人厌的人。

在放弃保健品之后，史玉柱除了做网游，就是搞银行投资。网游是他的爱好，但仍难免被阴魂不散的道德官司缠身。银行股则不然。

对于保险，有朋友给他的提议是，打出"巨人保险，保险业的脑白金"的口号，可这听起来像个笑话。一个本来在中国就属于打道德擦边球的行业——保健品业，在大家对保健品的质疑声还没有销声匿迹的时候，又开始做在道德上仍颇具争议的保险业，企业形象在公众眼里一定会大打折扣，又怎么会有好果子吃？

明眼人也许是看到了这一点，便善意地提醒史玉柱不必当真。比如，有人劝史玉柱不要全听朋友的，好朋友在投资方面不一定是好顾问。这个提议很明智，保健品行业和保险业本身的一些问题已经让这两个行业臭不可闻。虽然脑白金很成功地跻身礼品行列，但保险团队的打造，史玉柱还是少掺和为妙。

投资民生银行以前，史玉柱多方考察，多地走访。在四川重庆，他发现民生银行的办公楼都是购买的产权，而不是租别人的，这让他信心大增。

他指出，中国银行的实际资产额度向来都高于原始估值。而国外则不然，国外的银行会被定期重估一次。中国的银行估值一开始定下来之后就不会改变，所以银行账面金额可能是 0，但只要卖出划拨的土地，就能保持它们在 5 年内不融资都没问题。有了这份保障，史玉柱对外宣称：他对民生银行股的持有时间是 3 年。

1997 年金融风暴之后，大家对银行的信任度降低，银监会也加大了检查力度，督促银行要增强抗风险能力。史玉柱认为，这些年银行的坏账的确增加了，但也跟实体经济的坏账增加密切相关，不能凭这一点就认为银行的风险机制问题严重。

银行给史玉柱带来了滚滚财源，但金钱对他来说只是个数字，并不是说金钱不重要，只是金钱已经不能代表他的成就感了。

跨越了三个行业，最后史玉柱承认还是游戏行业给他带来的成就感最大。银行毕竟不是他带领团队一点一滴做出来的，并未融汇他太多的情感和热度。

2013 年年初，有报道称，史玉柱花了 55 亿元持有的民生银行 A

股创下 4 年来最高的收盘价——8.6 元，这意味着他的账面浮盈是 31 亿元。

"钱生钱"的魅力由此可见一斑。不过，史玉柱把这一切看得很淡。他说："我是长线投资，不是短线客。民生 A 股，我承诺过三年内不出售，眼前涨跌与我们没啥关系。"

在他投资银行股的过程中，一度波折重重、诱惑不断，这对他的心理承受能力是另一种考验和磨练。

就是增持

史玉柱对银行业的投资，始于 2001 年，真正操作是在 2002 年。华夏银行在 2002 年准备上市，此时，史玉柱控股的上海健特买了北京华资银团公司的 6000 万股华夏银行股票，后又从首钢总公司买了 8000 万股华夏银行股票。

当年，他执意不依靠银行，让他尝到了融资渠道不畅的苦果。后来，他考虑对银行的投资可以使自己成为银行的大股东，对未来企业资金需求会是一个很好的支撑，故此反复思忖跟一些人聊天时听到的建议，便想借助银行业发展稳定的契机和商业模式的清晰，给自己选定一个稳妥的投资目标。

他认为，破产不是全国性银行该担心的事情，因为背靠着国家这棵大树好乘凉。而且，银行股的退出机制也十分优越，便于质押的银行股权和方便的现金套现通路，使银行股有利于大笔资金的进出。

前因后果全部搞清楚了，史玉柱开始积极寻找投资华夏银行的契机。

2002 年，他的老友段永基走马上任，成为四通集团董事长。这家公司有 6000 万股华夏银行股份被法院冻结了，还没拍卖之前，史玉柱就帮段永基堵上了这个窟窿，接手了华夏银行的股权。

待到 2003 年华夏银行上市，IPO 价格是 5.6 元，这时史玉柱手里有 1.4 亿股华夏银行的股票，显然增值了。他尝到了投资银行股的甜头。后来，在 2004 年华夏银行公积金转股的过程中，他原来持有的股票增至 1.68 亿股。

华夏银行的投资，让史玉柱稳赚不赔，随即他开始运筹投资民生银行。对民生银行的投资，是受他的另一个老友冯仑的影响。冯仑在 2003 年 9 月想把手底下的万通实业股份有限公司上市，但该公司是房地产企业，投行觉得一家房地产公司却持有银行的股票，会让市场不信任，估值自然不会很高。

在这种情况下，史玉柱"慷慨解囊"，从冯仑手里买下 1.43 亿股民生银行股票，这件事办得可谓一箭双雕。因为股票的价格堪比"白菜价"，但老友冯仑又不能不感谢他的帮助。至此，健特持有的民生银行股票占到非流通股的 3.97%，让史玉柱一下跃居民生银行第 8 大股东的显赫位置。

感到投资收益有利可图，史玉柱开始增持民生银行股。2008 年，他持有的民生银行 A 股数量为 9.07 亿股，持股比例上升为该行的第 4 大股东，为 4.82%。

但从 2008 年开始，世界各国陆续爆发了金融危机，全球各国银行业的弊端开始显露，当一切事实浮出水面，这一幕也不可避免地动摇了史玉柱对金融行业的信心。于是，他抛售了 5.7 亿股民生银行股票，价位在 4.5 元。为了不被套牢，他还把其他金融股也都陆续变现了。

史玉柱此举，也许是胆子"变小"的缘故吧。渐渐地，他不再是民生银行和华夏银行的前十大股东了。2009 年，他手中只有 8693 万股华夏银行股，占比不到 2%。

可是，当金融危机过去之后，他开始后悔了。他对大家说，对金融股的抛售是个错误的决定，因为当时不知道金融危机会发展到何种程度，所以决定把现金当棉衣，度过这个寒冷的冬天。然而，金融危机在中国没有像在欧美持续时间那么长，对经济的打击也不大。这一次，他吃了自己判断失误的亏。

唯一弥补缺憾的办法是增持。故此，2011 年时，史玉柱便有了购买 14 亿股民生银行股，掏出兜里 65 亿元的巨资来搞金融投资的计划。如果这个计划实现了，他的持股比例会在 5% 左右。然而，开放市场经济条件下，企业的股票发行要受到中小股东的监督，民生的中小股东不同意这个方案，史玉柱只有另辟蹊径。他把预案拿出来，开始在二级市场积极增持。

他的增持计划，从 2011 年 3 月持续到 2011 年 9 月。其增持民生银行 A 股共计 46 次，H 股 32 次，可谓势头强劲。

2012 年，他又频繁对民生银行 H 股发起认购，一次增持数量就达到 3760 万股。至当年 6 月，他成为民生银行的第 6 大股东。

最终，经过 80 多次交易，55 亿元人民币变成了民生银行股。此外，上海健特还增持华夏银行股票达 3000 多万元，坐上了华夏银行第 8 大股东的宝座。

史玉柱的炒股原则很简单，有点像巴菲特。巴菲特说过，买股票就像购物一样，你要估计这家公司的股票到底值不值这么多钱，这家公司的市值有没有被低估。如果被低估了就买。也就是说，你觉得这家公司的股票卖得便宜你就买。

史玉柱也是一样，他在微博里爆出他的炒股经，无非两点，一是看这家公司的盈利是不是会在未来持续增长，二是现在的股价是不是很便宜，即是否被低估。

只要符合这两项标准，买完了就 OK 了，他就可以一甩手去干别的事情，再不管股票在短期内是赚是赔，是升是跌。

巴菲特是看不懂的年报不买，史玉柱是看不懂的行业不买。而且，如果一个公司的市盈率超过 5%，也很难入他的法眼。他对此已经非常专业，他曾评价说，没有任何一个国家利率实现市场化以后，净利差会长期下降的。

史玉柱那学数学的脑子很适合搞股票，且他有自己的论据。他以美国为例说明，在没有实施利率市场化之前，银行业的净利差很小，只有 1.3%。可是到了 2010 年，随着利率市场化的不断深入，净利差达到了 3.5%。

史玉柱对民生银行的业务能力和市场远见评价颇高。在 2012 年的一次微博发言中，他透露，民生银行是唯一一个分行没有贷款权的中国银行，因此没有那么高的坏账率。而且，对于利率市场化的挑战，民生银行早有准备，大幅度提升了中间业务的比率，把规模化产业链打造得有模有样。

民生银行的效益也逐年攀升，超过浦发和兴业。他希望不久就能超越中信和招商，在股份制商业银行中坐上老大的位置。

史玉柱做什么都是这么雄心勃勃，投资银行业也不例外，而这块市场没有辜负他的期望，一直是捷报频传。2013 年 2 月 4 日，民生银行股价最高达到 11.86 元，为 12 年峰值。2012 年时，民生银行的股价为 5.45 元，到 2013 年 2 月 4 日，上涨额度为 6.04 元，增长比率为 110％。

紧盯银行是史玉柱退休后的光荣任务之一，其他两项是玩游戏和看美女。他给自己编了一个谜语："酒量不大却好酒，烟瘾不大却好烟，嘴巴不大却大嘴，色胆不大却好色，年纪不大却退休。"

看来，老史也是性情中人，爱美女，爱玩游戏，当然更爱赚钱。2013 年，他仅凭民生银行的股票就赚了 60 亿。他的神奇佳绩得到了万千股民的注目，大家纷纷把他称为"2012 年最佳投资人"。

尽管他一再表示自己已金盆洗手，但到头来，还是用每一个举动给江湖带来阵阵波澜。他增持的民生银行股，在 2011 年 3 月到 9 月之间为 65896 万股。以前，并未持有民生银行 H 股的他，还买入了共计 14.6 亿元的民生 H 股股票。

史玉柱在股市上翻天覆地的大动作一直持续到 2012 年，前后共花了 2191 万元买入 100 万股民生 A 股和 300 万股民生 H 股。2012 年是中国股市的又一个熊市，连 2000 点都没达到，摩根士丹利和瑞信等投资机构都在做空民生银行，可史玉柱不理会这些，他这回瞅准了低点买入的机会，只顾自己在股市上不断增持，不慌不忙地买入。

在这个过程中，史玉柱听到过嘲笑声，笑他在瑞信等投资机构屡屡唱空民生银行、浦发银行、兴业银行等之际还不断增持。民生银行股票在这一期间已下跌近 3.7％，价格只有 5.39 元。这动荡的局面，让大家不禁怀疑银行的长期盈利能力。

由于房地产市场限购政策的实施，以及银行有限的财务透明度，机构投资者都不敢大举买入，史玉柱却不信这个邪。可是，一旦银行的不良资产曝光，引发股市动荡怎么办？

如果说，经销保健品时，史玉柱最难攻克的堡垒是消费者，最大的敌人是质疑脑白金疗效的人，那么投资银行业之后，他面对的直接对手就是那些唱空银行股的国际、国内机构。而微博，就是他与这些对手角力的有力战场。他在2013年9月连续两天在微博中把国际投行联合做空的那一套把戏向大家做了解释，然后高调唱多民生银行。

他说："过去一年，专家、媒体异口同声预测：地方融资平台和房地产将对银行资产质量产生严重威胁。事实是，目前未产生任何威胁，苗头都没有，未来几年也绝不会。经济下行，银行资产不良率轻微上升，恰恰是大家不担心的实体经济所导致。担心的问题，不是问题；不担心的问题，倒是问题。"

他提醒大家，实体经济的问题不应该被归结到银行的效益上去。他还说："我多次表达过长期投资计划，再次明确：我公司在二级市场新增持的A股和原来持有的民生银行法人股，三年内如果我们出售掉一股，大家可尽情骂我。"

史玉柱这次摆出了一副股神的姿态，似乎对股市的风云变幻已经驾轻就熟。在这个市场上经过10年的磨练，他几乎成了股市信息员，甚至股票专家。他在微博里嘲笑做空民生银行的机构输掉了内裤，而他自己是不担心盈余的。除了民生银行，他手中华夏银行的股票市值也有10.83亿元。

其实，在银行股方面，他于2013年基本完成了"退休"的动作。他说:"我是作为投资者投资民生银行,而不是投机者,所以我会长期持有不动,投资现在我管的也不多,投完民生银行后,几年都不会卖,所以这块我也是退休了。"

民生"情缘"

股票投资是资本运作,可以让你的资产轻而易举地增值。一开始,史玉柱的1.43亿股民生银行股属于原始股范畴,每股只有1元钱。等到2005年6月民生银行股份改革的时候,就变成了2.15亿股,股价也从原来的1元变成了5.8元。2007年后,民生银行又有好几次送股活动,到2008年,史玉柱的股数已经达到9.07亿股。

股票投资来钱很快,也很容易,但如果没有变现,史玉柱还是感到不稳当。因此,在金融危机时,他对民生银行和华夏银行的套现值达到29.04亿元。也就是说,虽然他在股价下跌的时候抛售了这些股票,可仍是稳赚不赔。

2013年1月末,史玉柱又在微博上为银行股唱多。银行业不良率的拐点就要出现了,利润的增速以特色商业银行为最多,达到30%。同时,他还以砸烂电脑屏幕和取消对他的微博关注为保证,向大家宣传他言论的可信度。

他是公众人物,有数以百万计的微博粉丝,所以他的微博号召力是很大的,会对公众舆论产生足够的冲击波。但是,他是民生银行的第6大股东,非执行董事,屡屡在自己的微博上爆料唱多民生银行,算不算违规呢?

这个问题有争议,大家看法虽不同,毕竟还是有一定问题。所以后来史大嘴巴被北京证监会"召见"了。

事情的起因是这样的，2011年中国人寿在内部召开的一次会议上，由副总裁刘家德做报告。刘表示中国人寿会把银行股，特别是民生银行股当成以后投资的重点。然而此举被史玉柱在微博上以半开玩笑的口吻讥刺了一下。他说："拜托中国人寿，别虎视眈眈想控股民生银行。给民营一块小小的天空吧。"

他说得可怜巴巴的，不能不让人联想到国有机构的特权等等，而第二天民生银行的股票就上涨了6.47%，让史玉柱一天就赚到了2.3亿元。他那条针对中国人寿的言论一下子被捧上了"史上最贵微博"的宝座。

这件事惊动了证监会，史玉柱不但被北京证监会传唤，而且成了证监会培训上市公司董事时的反面教材。

网友们对史玉柱微博上的炒股经也是褒贬不一。对史玉柱来说，判断一家公司的前景，他肯定有办法、有途径。比如，他找民生银行中层领导交谈，晚上去看金融街的银行几点关灯，等等。可是，这些方法是很多股民想不出来的，即使想到了，也没办法操作。还有就是关于国内公司估值的调查。

史玉柱也许能比较准确地估计出一个公司的价值，但普通股民没有很多懂行的专家朋友、顾问班子，因此对一个公司的估值也不好判断，且估值还需要系统的财务知识。

甚至有网友还说，这两点就像是让一个文盲去读博士，都是内部信息，小股民根本没办法知道。换句话说，股价被低估和未来盈利能力看似简单，但是根本不好判断。也许大家是在责怪史玉柱手里握有的社会资源比一般股民丰富得多，故而他的提议在小股民那里根本不奏效。

　　一时间，众人对他的炒股经议论纷纷。有人说，他都被套牢了还连续增持 85 次，小股民哪有这能耐，家里又不是开银行的。而且，大闲人史玉柱是用闲钱炒股，自己也是高人。这样的资金规模搞长线投资是上策，可对中小股民来说，不可能钱一扔进去就不动了。

　　不过，史玉柱并没有告诉大家都按照自己的情况去做，所以股民们的非议也不会像当初质疑脑白金那样炒得沸沸扬扬。如此，史大嘴巴就一直跟网友一唱一和，互相娱乐。

　　当然，支持史玉柱的网友也大有人在。有网友表示，当时史玉柱增持民生银行股票的时候，很多人在看笑话，但现在证明他没错。

　　另一个网友也十分肯定史玉柱的能耐，夸他不但智商高、学习好，做商业运营有一套，而且炒股炒得也不错。因为他能做到低买高卖，这看似简单的原则实施起来却没那么容易。所谓"大道至简"，但就是这一个"简"字，几人可以做到呢？史玉柱做到了，这是他的本事。

　　正如美国投资家罗杰斯所说，财富堆积在墙角，你只要走过去轻轻把它拾起就可以了。这是正当的、合法的，虽然听上去不切合实际，却是现实版的美梦成真。

　　然而，并非所有网友都认为史玉柱的做法是明智的，有人就认为他被民生银行利用了，3 年不抛售，等其他股民在高位时套取了现金，到时候史玉柱会无法收场。

　　还有人认为，股市不是一般人赚钱的地方，大多数人都是站着进去，横着出来的，被搜刮一空后，从大老板摇身一变，重新做回打工仔，那样的滋味真是打翻了五味瓶，酸甜苦辣咸什么都能尝到。

另外，也有人认为在中国不成熟的投资环境下，只有炒短线投机才是正路，因为没有哪家上市公司连续 5 年收益都很稳定，即使有，也不会兑现分红的承诺。

其实，史玉柱也觉得完全没必要操这么大的心。故而，他在 2013 年高调从巨人网络 CEO 岗位上退下来之后，次年又张罗着对银行的问题全面放手。2014 年 3 月 25 日，民生银行发了一个公告，透露了史玉柱准备在民生银行管理岗位上退休的事实。大家不禁感叹，史玉柱终于要变成名副其实的"大闲人"了。

史玉柱没有什么后顾之忧，他的钱几辈子都花不完。他有民生银行 9.58 亿股股票在怀里抱着，只要按日子领分红就够了。

有业内人士爆料，其实史玉柱在民生银行董事会里的地位一直是很边缘化的。尽管他的炒股技巧颇高，但在董事会里不是谁股权多谁就说了算。如此说来，他的出走对民生银行的管理根本构不成任何影响。

民生银行的 5 名副董事长中有 3 人是民营企业家，新希望集团董事长刘永好占股比例为 4.7％，泛海集团董事长卢志强占股比例为 2.46％，东方集团董事长张宏伟占股比例为 3.13％。史玉柱的持股比例是 3.38％，比张宏伟和卢志强都高一些。只是，他没有实权，想法不可能得到落实，所以他再待下去也没什么意思。东方、泛海和新希望才是当权派，史玉柱跟他们相比就显得人微言轻了。

史玉柱与民生银行的渊源始自 1993 年，到 2013 年已经整整 20 年。当年，史玉柱和卢志强都是泰山会组织的成员。这个组织是一个民营企业家俱乐部，成员都是顶级财富人物。在一次内部会议上，大家决定投资组建民生银行。

1994 年，泰山会跟全国工商联合作集资 300 万元，一共分成 12 股，让企业家们认购。巨人集团购买了其中一股。但是，后来巨人大厦资金链断裂，史玉柱失去了做民生银行发起股东的机会。

也许是对民生银行有感情，也许迫于自己是泰山会成员的压力，史玉柱在 2003 年从冯仑手中购买民生原始股的举措，其实也是因为冯仑是泰山会的另一名成员。2006 年，史玉柱摇身一变，坐在了民生非执行董事的位置上。可是，他似乎一直都只在二级市场上倒买倒卖，不能做到董事长级别。

史玉柱在顶级财富大亨中是比较另类的人物。他有娱乐精神，大嘴巴从来不忌讳自己说出的话会造成什么影响，且行事风格也不是"很主流"，他那次在微博上讥讽中国人寿，就是大嘴巴的个性使然。可是，后来中国人寿在民生银行成了第三大股东，并且也是董事之一。

刘永好、张宏伟和卢志强跟史玉柱不同，他们是全国政协委员，积极参政议政，喜欢跟政界打交道。史玉柱却在做上海健特的时候就坦言，自己不喜欢跟从政的人走得太近。

民生银行的结构未必像史玉柱说得那样单纯。从诞生日起，民生银行就融入了官方力量和民间资本博弈的基因，史玉柱没有官方政治身份，自然而然就被边缘化了。

史玉柱不喜欢玩"正统"，也许"正统"在他心里未必那么"正"，他自己也未必那么"邪"。总之，他走出这个是非圈是再正常不过的事了。

撤走解脱

2011年，媒体曾打出"谁主民生银行：是史玉柱还是中国人寿"的标题，引起大家的思考。这一年，史玉柱对民生银行A股和H股的频繁增持，被解读为是在跟中国人寿掰手腕。彼时，史玉柱的微博粉丝数量是400万人，他在这么大的场合下说出民生银行是"中国唯一的民营重要银行，不应倒退成为国有银行"的话，怎能不引发一场轩然大波呢？

果然，他被证监会叫去喝咖啡了。于此同时，刘家德则在媒体面前一再重申中国人寿在民生银行的重要地位，他说，中国人寿过去曾是民生银行第一大股东，但现在位居第三。可是目前第一大股东新希望是一个合股公司，故此中国人寿还应该是第二大股东。

其实，史玉柱是担心国有势力的参与使民生银行业绩下滑。他在微博上说："失去民营机制的民生银行，将失去核心竞争力，告别高速成长。"

的确，国有控股会增加民生银行不良资产的比率，还会引发一系列其他问题。中国人寿的持股比例与第一大股东新希望投资有限公司仅差0.68%，而且据相关人士爆料，民生银行从来就没消停过，由于再融资而引发的股东划拳比赛一直上演。中国人寿对民生股的增持只是其中一个小小的插曲而已。

由于民生银行过低的资本充足率和核心资本充足率，所以被银监会督促再融资。为了加快融资步伐，民生银行董事会频频召开会议，面向老股东做增发动员。在这些会议上，中国人寿的增持动向明显，甚至还有人说了句"你们不要的我都要"。

但中国人寿是国有企业，民生银行也不可能让其持股比例过高，所以给它定了一个门槛——5亿股，多了不卖。史玉柱原计划通过上海健特认购共计21.9亿股的民生银行股，可他的设想被民生银行更改的融资方案否决了。

史玉柱增持民生银行的途径是上海健特和巨人，一直被他如此钟爱的银行股如果就这样被"糟蹋"了，他肯定心有不甘。因为投资民生银行是他长期投资计划的核心，他不能眼看着民生银行落入国有公司的藩篱。

不过，中国人寿也早就把对民生银行的控股看做自己投资战略的重要一环了。中国人寿在银行业的投资从来没有达到过主导话语权的目的，而民生银行的股权比较分散，可以为中国人寿问鼎民生银行提供很好的机遇，使其实现对银行业参股控股的目的。

中国人寿看好民生银行，是由于考虑到银行业在中国的发展还处于黄金时期，盈利能力颇大，可以为中国人寿带来良好的收益。此外，2011年和2012年，银行股普遍走低，正是低价进入市场的好机会。

民生银行的实力从它的净利润增速上便可见一斑，为56.98%，超过浦发、招商、中信、光大、兴业等银行而跃居第一位。

民生银行具有很强的执行力，提出的口号也十分切合实际：做民营企业的银行、小微企业的银行、高端客户的银行。为了迎合这一目标，民生银行推出了"商贷通"这款产品，是为小微企业量身打造的，贷款余额已经达到2076.49亿元。

中国人寿的业务领域有一块是属于银行保险的，但渠道资源有限，而且银保新规定出台之后，对其银保业务产生了十分不利的影响，保费下降了5.8%。在这种情况下，中国人寿想要保住银行保险这一块的业务增长率，就需要拓宽渠道资源。比如，中国人寿通过购买广发银行的股票，成功获得了广发银行代理中国人寿寿险业务的支持。而且，广发银行还将其代理的中国人寿银保期交业务摆在重要位置。

如果中国人寿如法炮制，也对民生银行产生决策上的影响力，不就可以进一步占领银保的市场渠道了吗？而且，中国人寿也十分想效法平安保险的做法。平安保险对深圳发展银行的收购使其实现了三角支架结构，建立起了投资业务、保险、银行三箭齐发的庞大资本运作帝国。因此，中国人寿看好这个模式也是顺理成章的。

事实上，中国人寿只需花45亿元就可以成为民生银行的第一大股东，而其795.31亿元的现金流量可以助其一臂之力，吃掉民生银行这块肥肉。

可是，中国人寿的持股道路未必那样一帆风顺。首先，它要过银监会的审查关。持股比例一旦超过5%，银监会就会密切监督股权集中度，每一次增持都要上报。民生银行内部人士也声称，中国人寿不可能成为民生银行的第一大股东。

面对外界的疑虑，民生银行行长洪琦出来辟谣：中国人寿并没有想控股民生银行，十大股东里没有一家有这个实力。而且，即使多增持股份，也不见得就能提高自己在董事会和股东大会上的话语权。

其实，民生银行股权的分散对中国人寿控股民生银行也是个巨大的障碍。股权这样分散的公司，使得中国人寿起码要持股到20%

以上才可控股，短期内不好兑现。换句话说，得有人卖给你才行。如果没有人愿意卖，你到哪里去买呢？

由于跟中国人寿"斗法"，史玉柱被扣上了"操纵股价"的帽子。由此，他才在微博里为自己辩白：3 年内必然按兵不动，否则宁愿"受骂"。

史玉柱原本想做长线投资，当然一定要为民生唱高，但这并不意味着他唱高之后立刻就抛售套现。他毕竟不是一般的中小股东。

虽然史玉柱的频繁微博爆料导致他被证监会点名，但中国人寿对民生银行的控股计划也没那么容易实现。不知是史玉柱的话起到了提醒的作用，还是民生银行向来都是在博弈中成长的，洪琦表示，民生银行的股份制和民营银行特色还是希望能继续保持下去。

随着时间的推移，史玉柱跟中国人寿的隔空喊话虽告一段落，最终不了了之，可他的"出走"却给大家留下了颇多话题和猜测。有人说，他是因为被卷入海鑫钢铁倒闭案中无法脱身才撤走的。这是怎么回事呢？

海鑫钢铁是民生银行的债务人，被媒体爆出欠了 30 亿巨债不还，这同史玉柱当年的遭遇如出一辙。史玉柱的大嘴巴又开始发话了。当时，海鑫钢铁的掌门人是李兆会，一个不折不扣的"富二代"。史玉柱在微博上公开表示，社会对 80 后企业家要包容，不应该落井下石，应该鼓励海鑫钢铁继续正常生产。

他的话有一定的感情成分在其中，所以让人不免产生共鸣。而且他还直言不讳地揭露，银行把 40 亿元钱都抽走了，才会导致海鑫的现金流出现困难。

民生银行是海鑫钢铁最大的债权人，如此说来，史玉柱的话其实对民生银行而言似乎"不太顺耳"。有人判断，史玉柱此举不完全无私，因为他和李兆会之间实在是有千丝万缕的联系。证据是，在2013年9月，辽宁成大的定向股票增发只有两个对象——巨人投资和李兆会的上海海博鑫惠。

其实，他俩这次投资算得上具有十足的赌博性质，因为买入之后3年内不许卖出，金额也不小，足足10亿元。如果把这笔钱的时间和机会成本算进去，史玉柱和豪门阔少李兆会能赚多少呢？不过，二人似乎非常默契，联手成了辽宁成大的第二和第三大股东。

李兆会的父亲李沧海，当年是全国工商联副主席，还曾出任过民生银行董事。而李兆会本人，后来更是因持有民生银行股份而成为胡润百富榜中最年轻的山西首富——2007年的牛市套现，让他赚了10亿元。

在这种情况下，有人猜测李兆会跟民生银行的高管肯定有过接触。这高管难道是史玉柱？李沧海这个老熟人已经退位了，留给李兆会庞大的钢铁帝国去打理。史玉柱对他的鼎力支持和帮助，是否源于自己以前的类似经历？还是真如外界所说，是出于一种"很铁"的关系使然？

总之，史玉柱这次好像又捅了一个"马蜂窝"。也许是他跟民生银行高层观点不一致，也可能是董事会对他已经很不满了。他靠董事一职原本就赚不了多少钱，薪酬相加一共只有区区82万元。其实他在乎的是董事的地位给他带来的隐性收益。只是，民生的江湖不好混，所以他打算拍拍屁股走人。

史玉柱跟民生银行董事会最后商定的结果是，他可以从民生银行香港分行提走1.825亿美元的现金，作为巨人网络私有化筹资的一部分。

不好玩便不玩了，他撤走可以说是见好就收。他已经被誉为"中国巴菲特"，而且通过入主民生银行为上海健特融得 9000 万元的关联贷款，使得上海健特在 2003 年有了进一步发展。此外，他在银行业的触角还一直伸向法国巴黎银行、德意志银行、瑞士信贷、工银国际、高盛银行和摩根大通银行，这些银行为他提供了 6.675 亿美元的贷款。

史玉柱的智商一流，也许情商欠缺那么一小块。他跟民生银行的其他股东比不了，因此撤离是最好的解脱方式。事实上，他也确实解脱了。

中国股神

2013 年，史玉柱投资的民生银行股票浮盈几十亿元，已经让众人艳羡不已。除了银行业投资，他还关注页岩气，并赚得超过 3 亿元的利润。

中国是贫油大国。在世界上最贫油的地区——亚太地区，中国是经济发展最快的国家之一。页岩气的开发被国家提高到了战略高度，随之水涨船高的是页岩气公司的股价。史玉柱由于同页岩气公司——辽宁成大高管层的亲密接触，便投资了辽宁成大，投资额为 8.62 亿元，且定增还没有完成就已经有了 3 亿元的账面浮盈。

史玉柱被誉为中国的股神和最佳投资人。有人认为，史玉柱在股市上的鏖战跟传统意义上的炒股不是一回事。他和巴菲特一样，看重的是企业价值，就像购买商品一样，感觉值这个价才买。他资金雄厚，可以投资长线，而且他以干实业起家，精通市场调研，这两点成了他在股市叱咤风云的两把利剑。

他跟中国许多顶级企业家比起来，行事风格比较高调。微博娱乐大众似乎一直都是他热衷的爱好之一。可以肯定，51 岁的他，退休生活过得不亦乐乎。人们会在他的微博上看到他的动向，他的微博签名也会体现出他的心态：远离嘈杂、花草猫狗、环球游走。

虽然他在资本市场上的运作从未停止过，但眼下，他的主要任务就是尽情享受生活的惬意。而股市的动向正像他预期的那样，一路飘红，持续走高。

这样的利好局面来源于国家对页岩气项目的重视。石油战略少不了页岩气开发的支持，故此国家决定补贴页岩气企业。如果在技术上有难题，国外公司也可以过来参与开采。页岩气的开采权是以国家招标的形式出现的，在 2013 年底正式开始。

借着这股东风，史玉柱开始向页岩气企业挺近。2013 年 9 月，巨人投资同辽宁成大联姻，投入巨额资金支持辽宁成大的定增计划，总股数 1.4 亿股，以每股 13.26 元的价格卖给两家公司，其中一家就是巨人投资。募集资金将用于新疆宝明矿业实施的油页岩综合开发。

史玉柱花了 8.62 亿元购买辽宁成大 6500 万股股票，稳坐第三大股东的位置。根据国泰君安的调研报告，辽宁成大旗下的生物制药和证券业务也都比较不错，而且可以实现第一个页岩油生产企业的目标，所以应该增持。至于辽宁成大的股票会涨到什么程度，国泰君安估计会达到 23.26 元。这意味着，史玉柱能赚取 6.5 亿元的收益。

在股民们大赔特赔的年月，史玉柱却肥得满嘴流油，于是有人号召股民们应该向史玉柱学习，不要看到价格上涨便一路追赶，或者听到什么小道消息就去买，那样赔得更惨。

2014 年，自史玉柱宣布退休已有一年。这一年，他和马云联手买了华数传媒的股票。这家公司的市盈率在 15 倍以上，难道史玉柱不记得他不久前定下的炒股原则了？其实不然。史玉柱最看重的并不是一个简单的市盈率数据，他依据的大方向是这家企业和这个行业的价值在未来会不会上涨。

他和马云两人共投资 65 亿元，这引起了股民的关注。有经验的股民说，史玉柱这次投资风格有所改变，不同以往。一位姓曹的股民一直跟着史玉柱买入，史玉柱买什么他买什么，这些公司包括闽东电力、珠江实业、民生银行和华夏银行，没有一个企业的市盈率高过 15 倍。可是，华数传媒的市盈率已经超过 150 倍了。

除了曹先生，李先生也跟着史玉柱炒股，买过辽宁成大。他说，史玉柱买的 19 支股票中有 17 支都赚钱，可是华数传媒股价这么高，散户跟着他炒还真不太合适。史玉柱葫芦里卖的到底什么药，大家似乎都想说出个子丑卯酉来。

有人说，史玉柱投资股票主要看政策好不好，能不能赚到钱，但也不排除他为了支持好友马云而做出一些友情赞助之类的举动。还有的投资顾问说，史玉柱对股票的投资带有战略性质，主要看公司未来发展前景是否光明，市盈率只是指标之一。之前投资民生银行，是因为银行业当时最赚钱，可史玉柱如果想分而食之，不可能自己做银行，只能买银行的股票成为股东。华数传媒对他而言，是抢占互联网传媒新兴产业端口的战略举措。

他手中资金实在太大，不适合在题材股中瞎折腾，所以只能选择价值投资。华数传媒在他和马云眼中有发展潜力，因此购买下来是为了获得这家公司的未来价值。如此，股民们总结出一句话——"跟着史玉柱炒股"。

史玉柱的成绩太好了，比私募或基金做的都好。他比较有定力，在民生银行被唱空时，以一句"靠分红维持生计"力挺。这种投资不能算炒股，只能被看做是一种价值投资，跟他自己做企业区别不大，就是购买了一家企业，自己不做具体业务而已。

他炒股注重基本面，不炒概念、不押重组，而且他还十分注重市场调研，下到民生银行分行去做访谈，走了很多家，对该行的投资项目和风险控制机制做到透彻了解、客观把握。

史玉柱是一个有商业眼光的人，善于抓住时机。同时，他虽然早年被指沟通能力差，但他是中国顶级财富大佬，人脉自然不可小视。因此，他能了解掌握的情况，一般人是做不到的。比如，辽宁成大的股票认购，其中很重要的一个原因是他跟公司管理层的个人关系密切。

史玉柱炒股，第一看公司本身的价值，第二看市场价格是否可以买进。市盈率只是被低估的具体标准。起决定性作用的，除了这些炒股经之外，他在商战战场上披荆斩棘练就的过硬定力也是很关键的因素。比如，民生银行股票大跌时，他就说："经济下行，不良贷款轻微上升，很正常啊。跌吧！跌吧！反正我们长期持有，靠分红维持生计。"

一般散户恰恰没有定力，在心理上战胜不了自己的短板，大盘跌则出逃，涨则买入，一进一出费了不少劲，可能赚到的钱却微乎其微。

马云也炒股，炒过华谊兄弟，从 2009 年的 9.8 亿市值到 2012 年缩水为 8.7 亿元，赔了 1.1 亿元。另外，比尔·盖茨也像马云一样在股市上经历了挫折。比如，他投资三一重工就赔了 1.5 亿元。可见，商业天才不一定是炒股天才。

跟马云和比尔·盖茨相比，史玉柱在炒股方面取得的成绩可以用"斐然"来形容。

他搞保健品和网游，都是很赚钱、利润很高的行业，但跟炒股票相比，还是小巫见大巫。他在炒股方面的投资回报率是 90％，是搞实业难以想象的。民生银行的 8 亿股股票收益，到 2011 年已经达到 40 亿元，比巨人网络 5 年的净利润还高。

相比之下，专业投资机构显得相形见拙。阳光私募的最高收益只有 39％，公募基金是 50％，券商理财为 15％，无法跟史玉柱取得的成绩相比。

在 2011 年，也就是欧美爆发次贷危机的 3 年后，国外机构开始联手做空中国银行业的股票，民生银行领衔这次做空，降了 3.7 个百分点。

史玉柱在 2011 年连续增持民生银行股达 86 次，因此这次做空对他的冲击巨大，令其一下子亏了 10.99 亿元。他因此自我解嘲过，但仍然屹立不倒，等待着柳暗花明。他在微博上说："国际投行做空中国银行业和中国经济，靠做空牟利。银行不良贷款是五级分类计算的，不良贷款和坏账是两个概念。纵观过去十年，各上市银行不良贷款最终形成坏账比例为 10％，90％能收回。经济下行，不良贷款轻微上升，很正常啊。"

当时有网友替他着急，说柱子哥的现金无限流，怎能不急眼？有人说，10%坏账意味着 2000 亿元的损失，比股本多 6 倍。还有经济学家指出，不应只看过去 10 年的坏账率，还应把 1993 至 2002 年间的坏账损失算进去。史玉柱面对众多言论，欲言又止，只是在微博上晒出一大堆指标，然后肯定地说，公司投资民生银行，到目前为止仍然是盈利的。

作为民生银行的大股东，史玉柱有话语权，他出面唱高民生银行，在微博上重申民生银行对国际机构做空的反应。此后，民生银行召开电话会议，同分析师和投资人紧急商讨对策，澄清事实。

就这样，他对民生银行平稳度过这次股市大跌，起到了助一臂之力的作用。

畅谈银行业

2013 年，民生银行的股票再度走高，达到 5 年最高值。而在 2011 年时，中国想购买银行股的股民很少，也许是受国际金融危机的影响，股民们对银行股的信任程度不高，但是史玉柱不信邪，坚持购入银行股；2012 年，民生银行股票被大家疯抢，史玉柱也还是继续高调购入。他的投资是以市净率和市盈率的优势为标准的，期间历经国外机构的做空，他巍然不动，果然，股价再次上升，他摇身一变成为中国股民心中的偶像。

自退休以后，他自称对金融投资的问题是具体操作不管，只参与决策。他在微博上调侃道："我武功已废，闲居山野，江湖上的事别来烦我。"俨然一个当代版的黄药师。

　　而他著名的 86 次增持，使民生银行每一次股价波动都成了被热议的导火素。在国际机构唱空民生银行的时候，有人评价精明的史玉柱也进了"圈套"。

　　大家担心银行由于房地产限购限贷政策的进一步出台和一些不良因素的影响，未来业绩会不佳，这时史玉柱剑指国际机构，揭露他们靠做空牟利的事实。跟随史玉柱一起支持民生银行的，还有泛海集团董事长卢志强和复星系掌舵者郭广昌。二人同样是大力增持民生股，民生银行走出了唱空阴影后开始频现高点。

　　一年以来，民生银行 A 股的涨幅已高达 47%。H 股比 A 股还亢奋，达到 56%。2013 年，史玉柱账面浮盈 24 亿多元。

　　虽然史玉柱近年来也频繁投资像辽宁成大这样的实体企业，但对银行股的投资仍是他的重头戏。故此，在 2014 年 6 月 29 日，他被邀请出席了第一届新金融联盟峰会。

　　在会上，他表示对银行业的持续健康发展很有信心。无论是利率市场化，还是互联网，都会促进银行业改变现有业务形态。对于新生事物——互联网金融，他表示将来这一块能占银行业务的 20% 就已经很不寻常了，这代表着 30 万亿的价值。但是，它不会把整个银行业都吞噬掉，这是不可想象的。

　　面对互联网日新月异的发展，很多人担心银行会不会像恐龙大灭绝一样被替代。他称这样的担心是多余的，互联网会成为被银行利用的业务手段，促进银行业整体转型和升级。

　　史玉柱对此提出了几点看法：中国的银行业比世界其他国家都要庞大，银行网点遍布各地，比其他金融机构分理处总数的 10 倍还要多。真正走到消费者身边的金融机构，在中国只有银行。这么大的一个产业，在短时间内消失或崩盘，意味着中国经济在总体上崩溃。这显然不可能。

另外，利率市场化不会对银行业构成大的冲击，原因是中国老百姓喜欢存钱，是几千年来的历史文化传统决定的。而银行向外贷款，面对的企业家都是有 1 亿元却想投资 10 亿元的角色，野心都大得很。

不急需银行贷款的企业家只有两种，一种是从国外学习回来接替父母继承家族产业的富二代，他们不盲从银行贷款的融资渠道；另一种是互联网企业家，因为这类企业一般都在美国上市，美国企业利用银行贷款的很少，但账面上仍然有大量现金。

除了这两类企业家，其他企业家对银行贷款都是情有独钟并全身心依赖的。他们的资金若是有缺口，必然求助于银行；只要他们不退出历史舞台，就仍然是银行的卖方市场。虽然息差以后会由市场来决定，但只要中国企业家敲银行的门，息差就不可能由企业家一方面说了算。因此，息差不一定会缩小。

至于互联网能不能对银行业构成致命的冲击，史玉柱认为银行业不光是经营钱的，也是经营信用的。但是，所有行业中最不讲信用的恰恰是互联网。他举了个例子，你跟对方聊天，他可能是个男的，却自称是女的，但是你跟他连面都见不了，根本不可能知道他的性别。故而，互联网只能涉猎银行业务的某些方面，不可能面面俱到。

他又举了个例子，比如换美元的问题，你可能放弃银行柜面在互联网上换吗？不可能，因为银行能确保换来的美元不是假的。所以，如果说银行有几十项业务，借助互联网能搞其中几项，其他的就力不从心了。

另外，他还提到改革红利的问题。他先列出一大堆数字说明中国的银行业被限制过多，被政策卡得过死。但那是计划经济时代的遗留物，现在的利率市场化正说明银行业在向市场经济转轨。改革势在必行，会带来很多红利。银行正好可以抓住这些红利提供的机遇发展自己。

在史玉柱看来，银行业监管过度问题导致了居高不下的利率。中国的银行不差钱，资金十分充裕，但利率还是达到 15％和 20％，国家不许银行干这干那，不许银行资金进入股市，不许给落后产能提供资金支持等。到头来，人民币发行量巨大，利率却这么高，他觉得不可思议。

史玉柱不但在银行业成了颇具影响力的人物，而且他跟马云一同投资华数传媒的举措还给传媒业股票带来利好消息。2014 年 4 月上旬，传媒板块集体上涨了 2.63％。这次购入不同于普通的二级市场炒股，是投资行为。因为史玉柱和马云购买的华数传媒股票为非公开发行股票，占总股本的 20％。

马云想通过投资华数传媒，继续打造阿里商业圈。阿里巴巴有意拓展家庭互联网生态体系，华数传媒旗下的新媒体和有线电视业务则可以为阿里提供终端、渠道和资质。

一句被说烂了的话是：股市风险莫测。对史玉柱而言亦是如此。2013 年，银行"钱荒"问题浮出水面后，公众对银行股的业绩持怀疑态度，港股跌了 7.7％，民生银行 A 股更是在收盘时跌停。史玉柱的账面损失生动地说明了，没有哪个人能凭一己之力控制股市的风云变幻。

不过，史玉柱对此还是一脸淡定。钱对他来说只是个象征，所以他说："我现在自己赚了钱开心了，但是好像也开心不起来了，反正再多几个亿，少十个亿好像也无所谓，因为我每天股票的跌幅都是二三十亿……"

2014 年，国务院总理李克强拍板成立了一家民间资本投资公司，注册资本为 500 亿元，这其中有史玉柱的参与，他投资 10 亿元买了2％的股本。外界传言，这就是中国版的 JP 摩根，民间版中投。股东包括泛海集团卢志强和民生银行董事长董文标等。

史玉柱从 2001 年打算投资股票开始到现在，在中国资本市场上的地位越来越稳固，还得了"中国股神巴菲特"的名号，难怪他在微博上大谈自己的炒股经验时，显得那么兴致盎然。他不可能不为自己取得的成绩感到振奋。相信在未来，他一样会有更令人瞠目的出彩表现。

第十章
闲话"史大嘴"

那些评判

史玉柱搞什么似乎都有争议,从让人不胜其烦的"脑白金"和"黄金搭档"广告,到饱受争议的"征途"网络游戏,他好像一直是社会舆论的焦点。可是,仍然有许多人把他的创业经历和语录奉为圭臬,作为教材蓝本来搞培训、写文章。

为什么一个总在"打道德擦边球"的人,会取得这样大的成就,得到这么多的赞赏和掌声?也许只能归结为他无论做什么都能大赚特赚,他敢于"较真"的钻研精神和创新理念,以及他对人性的深刻把握和领悟。

从他亲自驾车带领团队成员深入南方农村老年人群体去搞实地

调研，到他规定巨人网游用人的底线是必须会玩网络游戏，最好是游戏迷，无不说明他"较真"的劲头。这不是钻牛角尖，更不是撞了南墙也不回头，而是对细节的精心把握，不研究明白誓不罢休，在产品设计和宣传策略上务求精专、追求完美。这种劲头，带给他的是一边骂着他的产品，一边仍不得不掏钱购买的消费者。

人们除了对他取得的商业成就颇为欣赏之外，对他敢于承担责任，在失败的打击下能勇敢地站起来继续奋斗的精神，也给予了充分的肯定。比如，有的网友就用"面对失败顽强拼搏"的字句来形容他，说他在讨债人蜂拥而至的前提下，郑重承诺"老百姓的钱一定要还"，并且还债的动力还给了他必须要站起来的决心，在这种决心的驱使下，他才得以东山再起。

一位曾经在巨人游戏公司工作过的员工说，史玉柱一直是他的心中偶像，对于史玉柱的成功，他简单地归结为一句话——"做事用心，为他人着想"。

当然，也有网友认为他的成功是由于有一个很铁的富商朋友圈。也就是说，有了人脉，才能支撑他东山再起。

可是，即使周围有一大帮有钱的朋友，如果他们对史玉柱的人品不信任，又有谁会给他提供必要的支持呢？

其实，史玉柱的二次创业并没有太过依赖朋友的帮助，他依赖的是他的团队。谁也不能指望富商朋友帮自己完成一切。想成功，还是要培植一批属于自己的精干队伍，并且以人格魅力影响他们跟着自己一起拼搏。

有人也对他游戏帝国的成功做了简单的总结。说他的小规模军团一开始实行低消费政策，等过了一两年的时间，大家待在团里时间很长了，而且想继续玩，一直玩下去，他再把消费标准提高。

再则，他的军团规模小，军团内部成员彼此熟悉，没有造成几百、几千的大军团成员之间不知道彼此是谁的局面。另外，他的游戏把国家系统设计得很完美，竞争激烈，玩家为了在竞争中获胜，也就不得不花更多的钱。如此，钱就流到他的腰包里去了。

总之，大家都认为他的成功在于对市场脉搏和新生事物的准确把握，并以此为契机把企业做大做强。

同时，在他前进的道路上，也一直得到国家领导人的支持和鼓励。比如安徽省副省长介绍他去深圳大学进修，巨人集团前期受到很多国家领导人的重视，等等。政府想把他树立成一个土生土长的中国式知识分子企业家，他执著的个性也给了他韧性和坚持做下去的恒心。而且，他具有人格魅力，滑入低谷时，团队核心成员也没有一个想离开他。

在外界眼中，史玉柱是个孤独的"独行侠"，但他公司内部的人却说他"有男人味""成熟稳重"。

他的营销法则，是建立在打破行业规则的基础上的，也就是所谓的"破坏性创新"。也许，他是网游行业的"搅局者"，因此遭到网游同行们的指责。面对诸多非议，还是他自己的一番话总结得恰到好处："我的成功没有偶然因素，是我带领团队充分关注目标消费者的结果。我今天的成功和过去的失败有很大关系，过去的失败缘自管理和战略的失败，我现在追求的是完美主义。"

他酷爱红和白，就像他说话的风格一样直白坦率。他承认，很多关于他的报道都是以讹传讹，其实外界没有几个人真正了解他。

所谓高处不胜寒，曲高和寡，说的是一个人在巅峰时刻面对的孤独感。外界对他的评价可以说一直不高，尽管他的案例被商业教材屡屡引为经典，可仍摆脱不了外界对他否定性的评论。

对此，他以中国文化对失败者不够宽容来解释。他说，美国硅谷对曾经失败过的人非常有信心，然而在中国，可以说他曾经是最大的失败者，于是就时时处处都被打上失败者的标签。

他承认自己只重视消费者的心理和需求，对其他外界人物的观点和看法重视程度不够，也不注重个人和企业形象的塑造。

外界描绘他的孤独时，说他没有多少朋友，只能用无聊的网络游戏打发时间。他与外界很少接触，历史书似乎比人更能充当他好友的角色。对此他感到可笑。他解释说，他给人这样的印象是因为他不喜欢各类应酬，也不会时常出现在政府官员身边，更不喜欢经常在公众面前露脸。他的确夜以继日地玩过网游，但那不是单纯为了玩，而是为了改进征途游戏的机制和细节。

其实，他无非是一个老百姓口中形容的"有正事"的人。然而作为一个富豪，一个实际上的公众人物，他这样的个性难免被人认为有些"不干正事"了。

事实证明，他是非常喜欢跟公众互动的，只不过不是站在居高临下的讲台上，而是在微博上以朋友的形象示人，以平等的口吻向大家发布消息或沟通。他要的是平等互动，而非作秀或者捧脚式的"卑面派对"。

他认为，最了解他的消费者从来都以沉默作为对他的评价，凡是批评他的人，都不是他产品的购买者和使用者。他说，自己服用过多年脑白金，并无任何毒副作用，而且使用过脑白金的消费者都知道，第一天喝晚上就睡着了，十分有效，没喝过的人却不相信，他们是没有资格评价的。

他说："很多行业内的人都是一开始反对我，后来又跟着我学。因为我并没有蔑视规则，我是自己琢磨规则、创造规则。"

史玉柱是一个敢于打破既定规则，用符合新情况、可以解决新问题的新规则指导自己和企业团队行为的人。这样的人，也许会遭到同行的误解或排斥，但正是由于有这样的人，创新才可以一直进行下去，带动社会进步和产业升级。

两个明显的例子，其中之一是史玉柱把艰苦、枯燥的"打怪"规则正式打破了。他认为，如果某个规则大多数玩家都反对，那么一定有问题。因此，他提倡端着咖啡杯打怪。一开始，所有游戏厂商都反对，可是后来他们也照葫芦画瓢去做了。

另一个，是他的脑白金包装设计。蓝色和黄色相间的色调是最醒目的，而且字体大小和颜色也相得益彰，加上合理的摆放位置，使他对脑白金店面营销的把握为业界津津乐道。

史玉柱多年的老部下刘伟十分了解他。在刘伟眼里，史玉柱虽然智商很高，但如果只有点子，那是没用的，如果不勤奋，对消费者的理解不深刻，他不可能把握市场的动向，也不可能成为众人眼中的营销大师。

史玉柱本人心中的成功秘诀，则是对市场、对消费者的辛苦调研。他感概道："现在民营企业家玩命的少了，休闲的多了。"言外之意，很少有人像他当年那样深入农村做市场调研了。史玉柱除了干事业，只喜欢网络游戏，他不打高尔夫、不健身，也不怎么喜欢出国游，为数不多的爱好之首，就是把消费者研究透。

可能退休之后的他也在试图改变自己这种已经僵化了的"古板"

形象，故而他开始到处走走看看，国内转悠完了去国外。这下没人再说他孤独了，因为他时刻用微博向粉丝们报告自己的行踪。他固然离粉丝们很远，但说起话来就像他们是老朋友一样近在咫尺。

有人说，史玉柱管理能力差，其实不然。据公司副总经理汤敏介绍，外界对巨人网络管理薄弱的印象是不准确的，虽然公司表面给人宽松的印象，但有严格的流程制约。史玉柱采取的是国外的科学管理方法，注重流程设计，在制度层面完善公司的管理步骤，所以，虽然公司表面看来非常忙乱，但都是按照计划一步步执行，总结工作也做得很到位，客户管理一样挑不出毛病。对客户既尊重又不盲从，引导客户向着有利于公司和游戏设计的方向走。

一言以蔽之，科学设计、科学管理，比一切"人治"的手段都奏效、都稳定。

豪门千金

史玉柱虽自称"大嘴巴"，但他并不承认自己的嘴真大，否则就不会写出那自我调侃的"嘴巴不大却大嘴"。这里面，其实是有一层引申意义的，意指他生性耿直，心里存不住话，有啥说啥的脾气。

仔细打量这位"史大嘴"不难发现，其实他个子颇高，长脸型。把这身高和脸型遗传给他女儿，再加上一些美容方面的手段，不怕造就不出一个超级大美女。

事实上，史玉柱的女儿早在2008年就隆重登场了。2008年的胡润女富豪榜上，赫然写着史静的名字，她位列第38位，身家16亿。

2009年10月，胡润再次发布年度女富豪榜，史静的财富虽缩水

1亿，以15亿身家屈居第49名，但仍然吸引了众多人士的注目。

她是个典型的富二代，爸爸是巨富，她自己又是个长相大方的美女，自然一下就吸引了众人的眼球。

当时，她可谓是中国网游行业名气最大的老板的千金。虽然受深居简出的爸爸影响，她很少露面，行事低调，但网友们对她的关注度却始终居高不下。

美女总是会引起人更多的兴趣。相比她白手起家的创业者父亲，史静作为天然大美女一枚，伸手接住巨额财富，这看上去比他父亲的传奇经历更让人眼红心热。

美国证交会在巨人网络准备在美国纽约证交所上市之前曾公布过一份文件，巨人网络融了8亿美元资本，其中史静持有的股份占18.57%。众人根据巨人网络的市值计算出史静的个人财产为1.4856亿美元，折合人民币10多亿元。

她的持股数为3800万股，如果卖掉，就意味着可以换成52亿元的巨额财富。当时在胡润榜上，史静的这些个人财产本来跟马云差不多，不过2014年阿里在美国上市，把马云推到了中国大陆首富的位置。

网友们调侃道：史静是站在巨人的肩膀上。

是的，她的平步青云靠的是她那能干的父亲。史玉柱早已名声在外，史静浮出水面更让很多中国人傻了眼。一个如此美貌的女孩子，同时拥有冷艳的脸蛋、傲人的身材和压死人的钞票，怎么好事全让她一个人摊上了？

2013年，史玉柱酝酿了4年的辞职大戏终于上演，当时大家还不知道接班人会是谁。后来知道是刘伟，但当时大家有诸多猜测，有猜是刘伟的，也有猜是纪学锋的，当然，也有人关心会不会是史静。对此，史玉柱的回答是：接班人不会空降，也不会是自己女儿。

2013年，史玉柱宣布退休，虽然女儿不做巨人网络CEO，但可以成为民生银行的股东，躺在家里赚钱。有人说，史玉柱家族对民生银行的偏爱丝毫没有因为他的隐退而减低。比如2013年的6月4日，史静就对民生H股进行了大笔增持，使她成功位列民生银行第5大股东。可以想象，没有史玉柱的幕后操盘，史静难有如此大的动作和手笔。有了史静，史玉柱就构成了一个完整的家族体系。但是，股市的风云变幻也一样影响到史静的身家。史静增持H股之后，民生的股价无论是A股还是H股，表现得都无一丝可圈可点之处。6月4日以9.62港元收盘，史静在8天内亏了8000多万港元。

当然，这点亏损对她而言也没什么大惊小怪的。而且，史玉柱家族对民生银行的全力支持，外界都看在眼里。暂时的股价受挫并不能从根本上动摇史玉柱的立场。所谓打虎亲兄弟，上阵父子兵，史玉柱一手把女儿带起来，也自然是情理之中的事。

史静的增持对股民的意义一般，因为证券业的资深人士都知道，这不代表什么信号，投资者也不用想得太多。史静的增持不是在做短线，而是对于民生银行的中长期价值有信心，做的是投资决定。这幕后操盘的人，想必一定是其父史玉柱。史静的持股数增加到3.696亿股，占民生银行总股数的6.4%，排名紧跟史玉柱，把复星集团的郭广昌挤到了第6位。

父女俩的总股数加在一起，力量就大多了。史玉柱把女儿引入民生银行，显然是想增加自己在这个舞台上的实力。

史、马之交

有人说，史玉柱抓住了中国人的心理。经商自然要对人的心理了解，不然绝对玩不转。不但要了解客户的心理、消费者的心理，也要对员工和合伙人的心理了如指掌，这样才能做到游刃有余。

史玉柱早年的创业经历给了他深刻的启示，即民营企业创业初期，不能搞股权分散。这并不意味着企业达到一定规模或者上市之后，不应该股权分散，因为到那个时候，股权分散是必须的。但史玉柱认为，中国人的民族特性决定，创业时不能采用合伙制，5个哥们每个人 1/5 股份，这样的公司十有八九不会长远。不赚钱的时候还好说，一旦公司走上正轨，开始赚钱了，内部矛盾也就开始激化，企业的分裂也就成为必然。

史玉柱不但对中国人的特性有深刻了解，他的大嘴巴还时常对一些经济现象评点几句。比如 2014 年 9 月 30 日，海南三亚决定取消商品房限购，于是，还在实行限购的城市就只剩下北京、上海、广州和深圳了。在三亚限购被取消的时候，有人援引了史玉柱发表在微博上的话，认为不应该用限购的行政手段调整房价，而应该采取税收手段，不但三亚，北上广深也应该取消限购。

在他看来，人为的经济低迷不是调整经济结构的好办法，因为这会导致大多数实体企业遭难。结构调整是个漫长的过程，且经济结构的调整应该依赖税收。对企业和实体经济，应该降息降准，才能促进经济振兴。

虽然此时史玉柱已经一度退休赋闲在家，到世界各地游玩，但他的心和思想，还是同中国经济紧密联系在一起的，而他也不可能真正退休。

2014年9月19日晚9点30分，阿里巴巴在美国纽约证券交易所上市，史玉柱同许家印、李连杰等名人一道在现场为马云助阵。

纽交所内人头攒动，史玉柱站在马云身旁，右手向前伸，做出"OK"的手势，意味着阿里巴巴的成功，也代表着对老朋友马云的祝贺。马云红光满面，一副喜气洋洋的表情，而史玉柱也许是由于近些日子的休养生息，显得比以前略胖了些。

史玉柱和马云向来有交情。早在2008年7月8日，史玉柱领导的巨人网络就同马云的支付宝达成过战略合作，以强化巨人网络的在线支付系统。马云对这次合作非常支持。而据巨人网络副总裁陆永华透露，马云和史玉柱私交甚好。

两人的友谊是在当年给央视《赢在中国》节目当评委的时候开始的，其后史玉柱曾对马云数次微博声援。

2014年，巨人集团推出大型网络游戏《江湖》，马云也积极为史玉柱助阵，大谈江湖情，真不愧是好友的江湖大哥。

两人还一起投资了传媒公司华数集团。史玉柱先是以个人身份投资了5000万美元。接着，华数传媒在2014年4月正式宣布，采用定向发行的方法向史玉柱及马云控股的云溪投资发行A股2.87亿股，价格为每股22.80元。这次新股发行共集资65.4亿元。

有人说，史玉柱对华数传媒的投资，可不仅仅是为了跟风马云，拿出一点钱来支持好友。华数传媒是华数数字电视传媒集团有限公司旗下专门从事数字电视新传媒发展与网络运营的企业，它的最大价值在于其牌照与内容。

云溪投资在华数传媒完成增发后，将持有华数传媒20%的股份，成为其第二大股东，股份锁定期为3年。而早在2014年3月17日，巨人网络就曾正式宣布，要合并一家私企来完成私有化。因此当时外界的猜测是，巨人网络要通过私有化退市后再行重组，或者借壳在国内上市。

但阿里巴巴和巨人网络都发表声明称，这是马云和史玉柱的个人投资行为，与公司无关，公司不方便评论。

华数传媒则透露，史玉柱和马云看好华数公司的发展，希望该投资能帮助他们的公司进行文化传媒产业的布局，通过资本平台上的合作进行战略规划，把握市场方向，将华数公司打造成垂直一体化综合传媒公司。

史玉柱在资本运作上的手笔可谓越来越大，做事也越来越有资本运营商的气魄。马云拥有支付系统，史玉柱则熟悉网络游戏，通过与马云、史玉柱合作，华数传媒想摆脱以往的落后运营模式——每家几十元的月租、付费频道、落地费收费过活的方式，激活2亿多有线电视用户。

史玉柱和马云也同样都喜爱收藏。马云喜欢当代艺术品，史玉柱则喜欢美人图。他收藏的油画作品也是以"美人图"题材为主。

当然，二人的交集大多还聚焦于商业层面。比如2014年，在阿里巴巴上市之前的缄默期，商务部官员质疑马云公司的菜鸟网络"走歪了"，好兄弟史玉柱就开始替马云打抱不平。他通过微博和"来往"扎堆发声明，替马云叫屈——因为阿里正处于上市缄默期，在这个时候对人家进行攻击，是不是太不公平了？

阿里遭质疑还不止于此。国外有某机构甚至发文称，马云近期的投资公私不分，因此投资阿里的风险太大。由于美国证监会规定，上市公司在提交了上市招股书之后，就进入缄默期，不得释放招股书以外的重大上市相关信息，因此阿里对种种质疑也无法回应。

史玉柱这时又张开大嘴巴，说："阿里即将上市，现在处缄默期。攻击阿里和马云的文章突然大增。阿里怕违规，不能出面澄清。看到对方嘴巴被缝线，就冲上去吵架，这不公平。"

做任何事情都是有风险的，更何况是在福布斯中国排名前100名的马云和史玉柱。大概正是由于"同命相怜"，史玉柱才深知马云的难处，他不能不站出来替好友说话。

微博慈善

有人说，史玉柱性格有些内向，不善与人沟通，爱好也很贫乏，只喜欢打游戏，平时不管理公司的时候深居简出，不是很热衷"抛头露面"。然而，这只是他性格的一个侧面。每个人的性格都是多元的。比如，在搞慈善方面，史玉柱就显得十分高调热情。

2010年年底，史玉柱在其微博上称，其粉丝数量达到100万时，将"隔空"给每位粉丝1元钱，之后集中起来的100万元，将用于慈善。换言之，他的微博粉丝每增加一人，他就要在慈善事业上贡献1元钱。

于是，一场粉丝抱团成"柱粉"的大战一触即发，没用太长时间，其粉丝数便急增至100万。对此，史玉柱在其微博上说："粉丝人数将达100万。粉丝中有爱我的、恨我的、发言的、打酱油的、俊男、美女、竞争对手雇的枪手、僵尸。哈哈，来者就是客，我决定付每位粉丝一元（别骂我抠门啊），再把这100万元集中起来以粉丝们的名义做一件善事，全过程向粉丝们透明公开。我助手已在论证最有价值的善事，大家也一起出出主意哈。"

史玉柱的"微博善举"，对外界而言，最引人眼球的是其粉丝数持续暴增后，他到底该如何对答？是继续捐款，还是找个理由偃旗息鼓？

11月30日，史玉柱在微博上晒出"成绩单"："今天中午已将我欠粉丝的1006706元，汇到了爱佑华夏慈善基金会。"显然，史玉柱并不是在开玩笑，他动了真格。

2011年3月，史玉柱的粉丝数增至200万后，他又发微博道："粉丝人数突破200万，我将以粉丝名义捐200万元为少数民族孤残儿童做点事。将和内蒙古呼伦贝尔市政府合作完成该工作。"

至2012年时，史玉柱的微博粉丝继续猛涨，迅速增至570万。对此，他又在微博中强调："粉丝到达100万人、200万人、300万人、400万人、500万人时的五次慈善捐款，有四次捐给机构实施慈善，粉丝到达600万人的600万元捐款，我计划自己提前赴青藏高原现场实施，主要用于经济落后地区教育、环境及濒临灭绝动物的保护、藏文化抢救，每笔捐款我会发图片和说明，望大家监督。我不会赖皮的。"

史玉柱果然说到做到，在其粉丝数到600万后，他亲自奔走于青海、西藏，又是捐款帮助贫困大学生完成学业，又是建篮球场，又是修学生宿舍，又是办小学，又是购买学习用具，又是保护野生动物，又是建立自然示范保护区。在做这些善事时，史玉柱也会随即拍摄下照片，并适当配以文字，一一记录下这珍贵的点滴时刻。

史玉柱做了这么多事，经由计算，600万才花去一半，他本人表示，还会继续在青藏高原做慈善。

以600万作为节点的话，史玉柱已经累计捐出2100万元善款，而这一善举还将持续下去。持续到什么时候？外界给史玉柱的答案很心酸——破产。

就连美国《福布斯》也跑来凑热闹：按照2012年度富豪榜估算，史玉柱的个人资产大概在113亿元人民币左右，这只能让他抗到粉丝数达1.5亿，其后便可能破产。

如此计算，史玉柱当真"压力山大"。外界有算计，史玉柱本人也有一把算盘："有人骂我做慈善的金额和时间，和粉丝数挂钩。我就是活腻歪了，玩世不恭，无可救药。其实吧，我当初决定每增加100万粉丝就按总粉丝数捐款时，即测算出未来几年的捐款计划表，交给财务做出几年财务预算。财务说：某年你会破产的。俺曰：破就破吧，至少没上次破得难看。破了就回来第三次创业。"

外界一些人对史玉柱的此种颇为另类的慈善举动有些争议，但大多数人还是持褒扬态度的，史玉柱倒是不在乎外界的评论，他只选择做自己。

企业做大了，企业家手中便掌握了巨额资金。这些资金是用在社会公益上，还是彻底用于个人享乐，是人生观的问题。

在史玉柱高调宣布退休之后，记者曾采访过他，他表示除了在金融方面做投资之外，退休后的主要任务就是做慈善。

除了微博慈善倡议，他在其他慈善事业上也小有成就。比如，大病医保和免费午餐两项，他仍保持着最大单笔捐款人的记录。邓飞是这两项活动的发起人，他对史玉柱评价颇高，说史玉柱是个

"有智慧且侠义气概十足的人"。邓飞后来又开始搞中国水安全计划，希望史玉柱能给予支持。他说："我需要史玉柱，希望他和我们一起打击污水。"

记者曾问史玉柱慈善活动的开始时间，他说微博粉丝数就要到700万了。他在公司"求爷爷告奶奶"化缘，把钱要出来就去青藏高原。

多益网络创始人徐寯箋认为，按照史玉柱现在粉丝数量的增长速度，每年会有300万新粉丝隆重登场，那么30年后，粉丝数量就会达到一亿。30年时间捐赠50亿，数额庞大，但对史玉柱而言，这些钱的时间成本如果折算出一个数值，也许他认为还是很合适的。

在史玉柱眼里，做慈善跟做公益有区别。他个人认为，做公益比做慈善好得多，比如搞教育、支持环保等。

知情人透露，史玉柱把微博作为宣传公益思想的好途径，是因为他觉得微博有利于提供一个公众监督的平台。他的捐赠活动也从之前零散的"打游击"模式转变为通过微博有规律、有计划地实施。

史玉柱的设想是，微博首先可以帮助他搜集必要的资料，让他知道哪些地方需要捐助，他就可以派人去考察这些项目，根据粉丝数量把钱集中投入这些项目中，并且在日后会跟踪回访，监督钱的使用情况。

其实，粉丝可以充当他"不花钱"的雇员。因为他搞的是慈善，所以热心的粉丝有人愿意效一臂之力。而史玉柱在微博上搞的活动也是有章可循的，比如在粉丝数达到300万人时，他就在微博上发起了投票，让粉丝来决定钱应该花在哪里。而且，他会请一些人帮助他到现场监督执行。

　　史玉柱对微博的喜爱，到现在大家可以完全明了了。这原来是他设想的又一个战场，一个能让他如鱼得水般有计划、有步骤地调兵遣将的地方。他的公司上下人数加起来不过几万人，可是微博粉丝数很轻松就能达到几百万，而且是现实人数，不是虚拟游戏角色。

　　看到自己可以指挥这么多人马，也许他早乐开了花。以前他没有其他爱好，只是喜欢在游戏中寻找平等的、共同奋斗的虚拟世界里的乐趣。现在，微博给他提供了一个比游戏更庞大的阵营，听他指挥，受他影响。

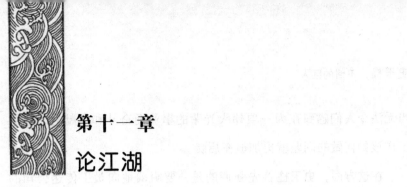

第十一章
论江湖

用人之道

　　企业的财富都是人创造的，因此现代人力资源管理学说认为，人是企业最有价值的资产。当代企业为了招聘和培养人才，往往要付出很大的金钱和人力成本。但培养出的人才能不能始终为这个企业所用，还是个未知数。

　　历经商海沉浮，史玉柱在管理人才方面有什么心得呢？在一次参加游戏产业高峰论坛时，他透露了自己对付人才流失的办法，一句话：做思想工作。

　　思想工作做得好，是共产党传承下来的优良传统。然而在市场经济时代，打工是为了赚钱，企业也是以商业谋利为基本活动纲领。

239

当无法令人们感到在为一项伟大光荣的事业而奋斗和奉献时，思想工作该如何做的问题就更加迫在眉睫。

在这方面，史玉柱首先强调的是，要明确地向员工传达公司的愿景，并了解员工是否认同公司的远景目标和发展方向。他知道，企业的人才流失问题大多来自员工不能清晰地理解公司的前景，认为前景黯淡或模糊，所以才感觉此地不宜久留。基于此，史玉柱认为，一个公司应该把自己的理念同员工的奋斗目标和激情结合起来。正像马云所说，员工为阿里打工是假，完成自己的心愿是真。

在做事业方面，史玉柱非常重视员工对巨人的认同。他觉得，能让普通员工具有使命感，对管理者而言是非常有成就感的事情。因此，他总会跟员工深入交谈，询问他们的想法，以及他们对公司愿景是否认同。

另外，史玉柱还非常重视员工对自己现有岗位的认同感，重视他们是否有做大事的志向和能力。他举了韩信的例子，一个想当将军的人，如果你给他安排很简单的低级别工作，他不走才怪。因此，他力求搞清楚员工对公司提供的工作空间是否满意。如果不满意，该员工又有想法，又有能力付诸实施，那就应该给他这样一个舞台去打拼，为公司效力。自然，他也就不会有想走的心理了。

再则，史玉柱在重视做员工思想工作的同时，并不忽视对员工物质方面的满足。韩愈的千里马一文说的正是这样的事实。由此，他会询问员工对工资待遇是否认可。如果他们不认可，感觉自己的收入跟付出不成正比，那么迟早要走人。虽然有一部分员工没有什么能力还自高自大，但这类人毕竟不代表全体。对于真正有能力的人，如果他肯为企业付出，企业也应该相应地提高他的工资待遇，不让他吃亏。员工付出了努力，企业就应该给予他们相应的回报。

如果在人才流失的问题上能做到以上三点，那么企业的核心员工队伍相对来说就会比较稳定，即使仍有流失，也大多是一些无关痛痒的人。

在人才管理方面，史玉柱藉由自己的成功经验，也大有话说。他认为，员工绩效不高，不一定全怪员工本身，领导者其实有更大的毛病，所以主要责任应该由管理层来承担。所谓"大将无能，累死三军"，员工工作效率低，很可能是由于管理者选人不对，不知道如何带队，没有规范的标准、流程、制度，缺乏对员工的培训和授权，就必然会令他们的能力无法提升。另外，即是因为没有建立竞争机制，所以被无能的员工"绑架"了。换句话说，管理者要学会通过 PK，对员工进行优胜劣汰。

现代企业处于激烈的商业竞争和瞬息万变的市场环境中，为了企业自身的生存和发展，企业内部不可能不引入竞争机制。在带队伍方面，史玉柱不看苦劳看功劳的观点，就是以这种竞争机制为前提的。完全凭业绩说话，只有取得相应的业绩，企业的功劳簿上才会写上员工的大名。即使你再努力，如果没有取得成果，对企业而言也毫无意义。因此，他的绩效论使他带出的队伍成员个个精干。

史玉柱的脾气有时十分火爆，但是骂过了就结束，对事不对人。而且他认为，领导错了也应该检讨，这种坦诚的态度使他赢得了员工的忠诚。正是因为这一点，在巨人危机的时候，很多人不愿意离开他，愿意为他效犬马之劳。如果他没有足够的人格魅力，想做到这一点，在如今的商业社会等于天方夜谭。他没有树倒猢狲散，说明员工们对他信赖度极深。

在用人方面，史玉柱不喜欢从外部招聘领导者和管理者，这可能来源于他对员工经验的重视。只有在公司内部成长起来的人，才了解公司，熟悉工作流程，才能更好地为他所用。而且，提拔公司内部员工，也会给全体员工一个目标、一个方向、一个希望。

另外，他虽然承认人与人之间想法不同，但即使各持异议，他也会对员工的意见充分尊重。尊重意味着平等，你尊重员工，员工才会对你心服口服。否则，即使口服心也不服，久而久之就会产生更大的隔阂与矛盾。

除了重视基层员工的管理，史玉柱还十分重视对管理人员的培养和教育。他的"管理者八戒"，就是向公司管理层提出的做人做事标准。

管理者首先要有能力，要有清晰的工作方向，不能对董事长的意图理解歪曲。这是所谓的"才"。除了才，当然更重要的是"德"，只有德才兼备，才可以被委以重任。

史玉柱不喜欢靠玩弄权术、结党营私、为自己谋利的管理者，也十分忌讳经理们利用公司资源作为其个人在职场上下的赌注。管理者不能刚愎自用，目空一切，认为自己"横扫千军如卷席"，只要是人就没有完美无缺的，就不可能不犯错误，总认为自己是对的人，是不可能进步和成长的。另外，管理者要有勇气，直言敢谏，有意见就大胆表露，有话大胆说，只要有道理，没人会轻视。

管理者还要心胸开阔，"宰相肚里能撑船"。一个小肚鸡肠的人，做不了成功的公司经理。管理者还要对企业有起码的忠诚和归属感。如果你感觉不是企业的一份子，融入不到企业这个大家庭中，又怎么会把心思放到工作中，全情投入呢？

管理者还要有终身学习的习惯和决心。时代在进步，科技发展日新月异，不学习，意味着你会逐渐被时代、被市场淘汰，所以管理者要坚持学习，本着"学如逆水行舟，不进则退"的宗旨，为自己充电，弥补自身的不足，增强自己的才干。

最后，也是最关键的一点，管理者不可以是一个"霸王"，我行我素、独断专行的人，不适合做企业、做市场。

对于当代职场人的压力，史玉柱有着深刻体会，因为他就是一个常年与压力和挑战随行的人。在他眼里，人需要为自己做必要的减压。办法有很多，他提出的观点往往是让每个人从自身找原因，所谓"心病还需心药医"。比如，对自己要有客观的评价，"知人者智，自知者明"，一个连自己都不了解的人，很难想象他会在工作中做到明智有度。

诸葛亮曾言：静以修身，俭以养德。史玉柱赞同此观点。他认为，人需要保持一种平和的状态，排除外界干扰，专心致志做好自己该做的事。而且，人要善于搜集必要的资料。在网络经济时代，海量的信息都存在于互联网上。因此，职场人要学会利用互联网找到自己需要的资料，帮助自己实现目标。

在史玉柱看来，如果一个人生活混乱无章，便难以保持清醒的头脑。故而生活要有规律，要有条不紊，才能让自己头脑清醒。此外，职场人一定要成熟，不能对谁的话和承诺都信以为真。这不是让大家多疑，而是强调客观地把信任一分为二，这样可以减少失望，减少由失望带来的挫折感。挫折感减少了，人的压力自然会随之降低。

有很多人面对残酷现实时，往往喜欢自欺欺人、掩耳盗铃，一点也不客观，缺乏直面人生的勇气和决心。史玉柱觉得，如果事实不可避免，职场人必须敢于承认，只有这样，才能想办法去解决客观存在的问题，才能适应客观环境。环境是不以人的主观意志为转移的，客观看待环境，是一个职场人减压的必要途径。

人做事情不但要有谋略，还要有勇气，有勇有谋、智勇双全才能做大事。因此，史玉柱认为职场人应该具有大无畏的精神，克服畏惧心理，自然就会有魄力。

还有一点较为关键，职场人需劳逸结合、增强体质，保持旺盛的精力和充沛的体力，这样才能不被累倒或拖垮。

史玉柱在用人方面的经验颇多，足以为企业管理者指点迷津。

生意经

在生意场上多年打拼，让史玉柱感慨颇多，他也总结出许多短小精悍但却耐人寻味的生意经，细细品读，让人获益匪浅。

有一句不符合自然规律的话叫"人有多大胆，地有多大产"，这句话本不可能，但是作为一个商人，史玉柱却从这句口号中觅得了经商箴言——魄力。他认为，一个人心里的想法有多大，生意就能做多大。

从他的创业经历我们就可以看出，他是一个充满野心的生意人。最初赚100万元的时候，其他同事急着分钱，他却告诉大家要把钱用在刀刃上，平时生活够基本开销即可，余下的钱大多都投入了广告费用，结果生意像滚雪球一般越做越大。如果他跟那些人一样没有做大事的野心和魄力，今天会有几个人认识史玉柱？

俗话说，创业难，守业更难。史玉柱的第一次失败，就源于他虽然是个创业能手，却没能很好地守住这份基业。对此，他总结说，胆量是打下江山的基础，而守住江山却要靠智慧，不能光靠一股冲劲。然而，若想让事业一代代延续下去，魄力和头脑又都需退居次要位置，而要看家族和企业的人能不能形成一种良好的文化基础和氛围。按他自己的话说，靠的是"心"，也可以用一个"德"字来概括。

人太过谨慎就什么都做不了，若是太冒险又会马失前蹄，关键是能不能把握好两者之间的平衡和"度"。对此，史玉柱认为，经商是谨慎和冒险之间的权衡和对决，做生意靠时机，必须把握住时机，既不太过冒险，又不太过谨慎。这两者之间的关系处理得如何，就要看生意人是否有水平了。

史玉柱觉得经商的道理跟从政差不多，在事情上可以失败，在精神上千万不能垮。这就是他"宁可输事，不可输心"的论断。

中国人讲究"害人之心不可有，防人之心不可无"。史玉柱告诫大家，往往就是朋友才容易给你造成巨大损失。因而，对所谓的朋友，也不可以百分百信任。

同时，他还笃信"谋事在人，成事在天"的古训，认为天意而非人意造就了伟大的投机。也就是说，取得巨大胜利的投机，除了投资者本人的能力之外，外界环境的推波助澜亦功不可没，甚至占据主导地位，所以天时、地利、人和缺一不可。

其实，史玉柱的这些经验都是中国自古有之的，只不过经过他的亲身验证，再从他口中说出来，就更平添了一层可信度。

人为财死，鸟为食亡，面对生存竞争，人类贪婪的本性展露无遗。对财富不贪婪的人，做不了最成功的商人。但是，凡事都要有个节制，如果没有节制，让私欲和贪婪之心无限膨胀，就会一发不可收拾。故此史玉柱感慨道：贪婪会让人失去防备之心。

比如他在"巨人大厦崩塌"之前，就是因为贪多贪全，多点开花，分散投资，结果哪一方面都不出色，耗费了人力物力，最终一无所获；而且，最初他做广告犯的也是这个毛病，大篇幅、大投资，轰轰烈烈，唯恐天下不知。可到头来，他连消费者到底想要什么都没弄清楚。

后来，他积极吸取失败的教训，开始脚踏实地地做市场调研，了解消费者的心理和需求，才获得了东山再起的机会，得以梅开二度。再往后，他为了防范自己分散投资的欲望，早早买入银行股，且只做三个行业，保健品、网游和银行。一定程度的专注，使他有精力把每个行业都做熟做透，做到极致，这才令其在这有限的三个领域中屡创佳绩，硕果累累。

想做事，离不开跟人打交道。做人的道理要懂，这一点对生意人格外重要。史玉柱总结的为人处世基本原则包括——"识趣"和"给面儿"。这当然是他那个层次交际圈里的法则，但也体现出他在与人交往时表现出的风度。

除此之外，他还十分重视一些现实"漏洞"对事物出其不意的影响。比如，他认为很多大事都坏在小人物手里，因为成大事者眼里往往没有小人物。正因如此，生意人应相信一句话：细节决定成败。虽然任何人都不可能完全掌控所有相关者，但关注细节，不轻易忽略小人物，对生意人而言极其重要，正应了"阎王好斗，小鬼难缠"这句话。

　　很多人对变化了的客观环境感到措手不及，所以不喜欢变化，只喜欢自己熟悉的事情。但如果拒绝根据外界环境的变化改变自己，很快就会成为时代的落伍者。虽然新生事物、流行的东西未必都好，但作为一个生意人，既然左右不了外界环境的变化，便只能因势利导，从环境的变化中嗅出钱的"味道"，利用外部环境为自己创造商机，创造财富。

　　史玉柱认为，商人的根本法宝是利益同盟。一个商人如果赚了10元钱，有8元都是用来打点合作伙伴的，此足见合伙人和利益同盟的重要性。为了让自己在生意场上如履平地，过硬的朋友圈和朋友关系至关重要，即使有些人你还不认识也没关系。如果你想认识他，就要积极想办法给自己创造认识他的机会，并且，一个人生意做大了，也许你不认识的人会认识你，会有人主动找到你，跟你谈，这时，你的机会就更多了。

　　为此，史玉柱提出不应该挖空心思去处理跟竞争对手的关系，而应该把主要精力用在处理跟同盟军和商业合作伙伴的关系中去。

　　不过关系固然重要，但只靠关系也是万万不能赚大钱的。做大生意需要有敏锐的商业嗅觉，发现还未被涉猎、未被开垦的商业处女地。在史玉柱看来，商业红海里，倘若很多人都靠一件事情赚钱，那么就再难有大的市场空间可以开拓。但如果有一件事情，没有多少人能靠它赚到钱，这里面就一定蕴藏大商机。

　　比如搞保健品的时候，国内用褪黑素帮助睡眠的保健品还没有出现，这时史玉柱先拔头筹，推出脑黄金和脑白金，抓住了一个市场空档，填补了市场空白。结果，他的赚钱速度堪比印钞机。

　　他曾幽默地自我解嘲，世界上总有比你更有钱的人突然冒出来把你一脚踢开。但如果你已经占领了一个行业的大部分市场，你就有了跟他讲条件的底气，他也不得不听取你的意见。由此他总结，一个人千万不能落到连讲条件的资格都没有的地步。

此外，他还有个最直白的见地，即所谓的"有货不愁卖"。为什么呢？据他讲，这个世界上的东西，无论能不能看得见，只要有生意人敢卖，就有生意人敢买。

他对新合作伙伴的态度，是要先了解对方的需求，然后再寻求进一步合作。他十分反对生意人不等合作伙伴说话，就先把自己的一大通想法滔滔不绝地讲出来。而且他承认，商业就是研究人的学问。正如那句"文学即人学"一样，商业又何尝不是"人学"！在他眼里，能赚到钱的学科只有三科——哲学、生物、历史。哲学研究人为什么，生物学研究人是什么，历史研究人都干了什么。他说，生意人如果能把人研究明白，做生意自然会开窍。

对于"人不可貌相，海水不可斗量"的古训，史玉柱也颇为赞赏。他认为，在商业圈里，以貌取人的人是愚蠢的。确实如此，史玉柱虽然很有钱，但他多年以来一直穿白裤子红运动服，在个人形象上并不费脑子，而且他眼镜也摘了，还喜欢剃光头。从外表来看，他是十分随意的一个人。还有马云，有网友说他最有钱，长得也最丑。这话虽然听起来不顺耳，却道出一个事实，外貌并非一个人成功的决定性因素。

他还喜欢把人头脑中的规划同他掌控现实的能力一分为二地看待。比如，他说，做生意要按照合适的规则分配资源，这和生意人头脑里的规划息息相关。但这只是主观愿望，能否变为客观现实，就要看一个人"做人"是否成功了。如果"做人"十分成功，就能随心所欲地把资源顺利地分配到它们该去的地方。否则，想法再美，在现实中不具有良好的人脉，没人愿意帮扶，也是枉然。

另外，他还指出，中国的银行大多做的不是生意，而是关系。直白地说，银行贷款不是冲生意，而是冲关系。由此他得出结论："关系在很多生意人的眼里就是最伟大的生意。"这正好印证了他之前的论断：商道随政道。

"文化"制胜

时光如流水，来去匆匆，抚今追昔，史玉柱总结出许多企业管理的有益经验。正如他自己所说，基业的传承要靠"心"，对一个企业来说，这核心就是企业文化。在企业文化建设方面，史玉柱的心得体会于朴素中能给人以深刻的启示。

史玉柱不喜欢到外面招人。巨人网游的总经理刘伟是他在1990年招进来的，那时候，真正的巨人公司还没有成立，靠挂在一家深圳公司名下。在他眼里，这么多年以来虽不可能使所有优秀人才都一直留在巨人，但大部分留下了。

外聘高管，只要给足钱，优秀能干的人也有很多，可并不能保证他们的人品如何。他认为，一个团队只有经过多年的磨合，才能形成一种默契。十多年的配合，使他的团队有着极强的凝聚力，这也为打硬仗做足了准备。

再则，他一直不赞同用外来人管理老员工。随着时间的推移，这种意识越来越强烈。在他眼中，一棵大树必须要根深蒂固，才能抵御住劲风的吹刮。于是我们看到，除了首席财务官这种专业性人才外，他一直致力于培养企业内部管理人员。

史玉柱在发现人才、培养人才方面有着极为丰富的经验。他举例子说，副总裁费拥军、陆永华，技术副总袁晖、首席技术官宋仕良，还有事业部的负责人们，都是这些年风风雨雨打拼出来的。他们原本只是基层工作人员，但在岗位上表现出了高素质和高能力，所以被提拔为企业骨干。史玉柱坦言，自己从未用过真正意义上的空降部队，他觉得很多企业家的外部聘用机制问题颇多。

在用人方面，他强调做老板的不能有傲气，不能在员工面前表现得高人一等。另外，所谓患难见真心，如果员工真有了困难，做老板的能帮一把则帮一把。再有就是利益分配问题。员工为企业创造了效益，老板不能都揣进自己的腰包，需要让利益分配比大部分人心理预想的数目更多才行。

一句话，史玉柱是个"讲究"的老板。当然，光讲究还不够，还需要有明确的企业纲领，即需要把自己想建立并维护的企业文化形成文字，系统地用公司倡导的企业文化教育员工、影响员工的思想和行为。

他跟所有当代优秀企业家一样，都十分重视企业文化建设的问题。他认为，企业文化是企业成功的基础。为此，他把巨人的企业文化写成文件，以开会的形式灌输给员工。

其实，他最重视企业文化的时期，即巨人公司倒闭，他想从失败中吸取教训，继续把企业做下去。把欠款还清的那些日子——从1997年到2000年的这段时间，他经常开会，每月都会把全国各地的地区经理召集到总部开会。会议开始之前，他要求大家先站起来背诵五条纲领：说到做到、只认功劳、严己宽人、敢担责任、艰苦奋斗。

不但会前要背，会议结束时也要背。他也认为这个形式不怎么好，但这是向员工灌输企业理念时不得已而为之的办法。这五条纲领言简意赅，新招员工很容易就能记住。这种显得有些"老土"的做法，其实获取了很实际的效果。

在企业文化方面，史玉柱吸取了"巨人大厦倒塌"的教训。那时，他提出的口号是要"做中国的IBM"。后来他发现，这个提法其实非常假大空，一点不现实，结果鼓励的是不切实际的大冒进，被浮夸风左右。这个目标既不明确又不具体，让所有人都不知所从，人心惶惶，所以在现实中栽了跟头。

后来的史玉柱，未再搞过任何形式的宏大目标，他又回到了原点——实在、实用。企业家毕竟跟政客不同，对于政治领域的一些东西，他不想再不顾一切地盲从了。

如今的他，早已成了一个实用主义者，认为企业文化一定要踏踏实实，切忌空泛和流于形式。要真正对企业有益，而不是要猴给外人看。

另外，他还提到企业文化的作用就是要达到管理的盲区。这个提法听上去有些抽象，其实，他的意思应该是企业文化可以弥补一些机械的管理流程左右不了的人性的东西。比如巨人集团破产时，企业的形式都已经没有了，企业的各项制度自然不必再遵守，员工们也大可不必守着他这棵"已经倒了的树"。但是，为何还有不少人始终不愿意离开呢？为何程晨肯向父亲借钱给他，为何费拥军为了他肯跟妻子离婚？这不是企业管理能解释的，只能用人心所向来诠释。

这些人的人心聚拢在他周围，就是他给企业带来的文化价值和符号意义。可见，管理上管不了的东西，企业文化或许管用。人毕竟不是机器，好的制度不代表不需要好的文化氛围去调节。

史玉柱是一个传奇，一个标杆，所谓江山辈有才人出，各领风骚数十年。如今，新一代渴望创造传奇的年轻商人们，也在借他这一代人创造的平台，借他们的东风在商海中扬帆远航。

"屌丝"人生

在商场打拼多年，史玉柱心里最关切的仍是那些创业者、守业者，尤其是创业者。

他总结今后创业者的素质，认为有两点最重要：一是天生的悟性，二是勤奋努力、肯吃苦。两者缺一不可。

现在，他已经退休，早就从创业的行列里走了出来，生活也是优哉游哉，以致被网友评为活得最潇洒的中国企业家。他用休闲、寂寞加快乐来概括自己今后的生活，还说自己最想去做幼儿园老师。但是，"前提是把大嘴巴缝起来，以免误人子弟"。

不过，他终究是个闲不住的人，手中的巨额资金和在中国商界的地位，也令他不可能真正偃旗息鼓。

2014 年，当全球气候变暖、节能减排、环境保护的形势日益严峻，也更多、更迫切地被提到国际议事日程上的时候，史玉柱通过资本市场向能源产业发起了冲击。他设立了一家公司，取名"绿巨人（Green Giant）"，意为主营绿色经济的巨人公司。

"绿巨人"的主要任务，是光伏产业投资。为此，他拿出了 40

亿的资金。

史玉柱以自己的大手笔投资，为中国能源产业的转型做出了一点贡献。暂不问他的财富几何，却也足够推动经济部门的观念转变。

如今，面对全球气候危机的挑战，史玉柱看好新能源绿色产业的发展，看好太阳能技术的实际应用。他既有眼光，也有能力支持这个经济部门的发展进步。企业家和他们手中持有的财富的作用，由此可见一斑。

他还是个会从思想上"忙里偷闲"的人。比如，他听说上海佘山高尔夫球场要举行世界冠军赛，奖金为850万美元，他在微博上放话：真TMNB！随后他调侃曹国伟：听说曹老大也参加冠军赛了，如果得冠军拿到这850万奖金，请拿出80％，分给我的粉丝。搞得曹国伟通过新浪微博回应他：老史也关心这事？

现在的史玉柱，更多的心思都花在他这帮微博"追随者"身上，随时准备跟友人"要待遇"，给粉丝们好处和红利。当然，在娱乐调侃之余，他也不会忘了"正经事"，比如2014年10月，他就在微博上透露，自己开始上清洁能源课了，并且要争取在3个月内拿到硕士学位。

他现在是真正快乐潇洒的人，以自己的努力取得了辉煌的商业成绩，奠定了在中国当代商业史上的地位。他一览众山小，可以随心所欲地做自己喜欢的事情，的确该被称为最潇洒的中国人之一。

他不但喜欢玩游戏以自娱自乐，还对娱乐大众乐此不疲。他四处游走，通过微博发照片向粉丝透露自己的行踪，在银川街头路边摊吃羊杂碎汤，在微博上把自己形容为"大大嘴巴的退休男人"。

2014年，他在法国度过了一段难忘的休闲时光，还将一幅自己的漫画贴出来做微博头像。漫画上的他嘴巴比较大，咧开嘴笑的时候显出了孩子气的一面。

他会在不确定的时间出现在某个地点，可能是阿拉善左旗的大山脚下，额济纳旗的胡杨林边，或者巴丹吉林沙漠腹地。他会在欧洲碧海蓝天的疗养胜地泡游泳池，也会突然现身香港街头，劝一个香港中环的人赶紧听妈妈的话回家吃饭。他可以从早餐后一直睡到晚餐后，眼泡都睡肿了，还在微博上直呼：爽歪歪！

为了支持好友马云上市，他跑到纽约。他是个"怀旧"的人，总不会忘了自己最大的爱好——玩游戏。他在微博上贴出照片，说自己每天要花5个小时玩手机游戏。

像他这样一个大人物，又是富豪，什么好玩的去处不能去呢？但他仍醉心于手游，可见他对游戏的热衷程度。

他居室内的陈设很简单，看上去并不豪华，就是普通老百姓的家庭。人到了他这个层次，物质就只是一个象征了。现在，天下到处都可以是他落脚的地方。

史玉柱总喜欢把娱乐和工作巧妙地结合起来。比如，他去阿拉善旗，就不仅仅是为了休闲旅游，还附带着考察那里的太阳能发电站。他看好清洁能源产业，因为这是人类经济模式未来的发展方向，因而才会对这个行业的发展如此留心。

他再也不是当年那个被捧得老高，又狠狠摔下去的史玉柱了。他已走出"树典型"的时代，跟粉丝们平起平坐，也许这才是他真正喜欢的人际关系和交流方式。

现在，他的生活就是不停地挖掘"笑料"，然后跟粉丝们一起分享。他调侃马云在纽约上市，说阿里上市前在中东路演，阿联酋国王接见了马云,对他说,欢迎阿里巴巴回家。"哎呀妈呀",他惊呼道,"阿里巴巴原来是中东的呀,建议:阿里人上班,男的要穿白袍,女的要面蒙黑纱,男员工可以娶四个老婆。"

在这样一个经济为王的时代,史玉柱的地位在某些人眼中,也许有些不尴不尬。因为按照旧理念来讲,他属于"劳动人民"的对立面——资本家;从当前社会普遍思潮的角度上讲,"仇富"心理虽不能算绝对主流,也占据了很大的空间。

然而,我们却无法不对史玉柱做出积极正面的评价。他没有任何背景、靠山,完全凭自己的努力白手起家,在跌入低谷的时候承受了巨大的痛苦,可没有被失败压垮。他被深大校友誉为"深大精神"的象征。纵然他是富豪,也不应该仅仅被摆在资本家的位置上对立起来,而应该成为人们拼搏奋斗的偶像和标杆。

史玉柱从未把自己摆在一个很高的位置上,他只是个"胆小"的资本家,是一个"求稳"的商人。他评价自己说,过去是一年干10件事,现在是10年只干3件事。有人说,正是他后来的谨慎胆小,才成就了他如今的逍遥自在。

对于那些同他擦肩而过的钞票,他并不遗憾。到西藏"学佛"的他,心态平和了,不想一味地争个你高我低了。有所为有所不为。他的"有所为",就是对"阳光下"的钱大赚特赚,他的"有所不为",就是那句被粉丝们赞为"威武"的"申请破产会失去信誉,以后无法在江湖混了"的铿锵话语。

也许,这才是史玉柱带给大家的真正启示。无论贫富贵贱,只要守住自己的底线,做到跟他一样"有所为有所不为",一个有原则、有尺度的人,才会到达人生的一个至高境界。

史玉柱：不倒的巨人

　　在未来的日子里，相信史玉柱还会驾着商海中的一叶小舟，乘风破浪，扬帆远航。他身后，是由逾千万粉丝组成的庞大"追随者"队伍。此足见史玉柱的影响力已经被刻上时代的烙印，不会轻易被抹杀。他创造的商业传奇，也会影响新一代创业者大军，跟随他的脚步，披荆斩棘，在商业战场上证明自己的价值！